好妈妈不吼不叫教孩子的小妙招

不吼不叫

的家教智慧

刘淑霞◎著

百花洲文艺出版社
BAIHUAZHOU LITERATURE AND ART PRESS

图书在版编目（CIP）数据

不吼不叫的家教智慧 / 刘淑霞著. -- 南昌：百花洲文艺出
版社，2013.10
ISBN 978-7-5500-0751-2

I.①不… II.①刘… III.①家庭教育 IV.①G78

中国版本图书馆CIP数据核字（2013）第240059号

不吼不叫的家教智慧

刘淑霞 著

出 版 人　姚雪雪
责任编辑　余 茝
封面设计　阿 正
出版发行　百花洲文艺出版社
社　　址　南昌市红谷滩新区世贸路898号博能中心A座9楼
邮　　编　330038
经　　销　全国新华书店
印　　刷　江西省人民政府印刷厂
开　　本　170mm×240mm 1/16
印　　张　17
字　　数　219千字
版　　次　2014年1月第1版 2014年1月第1次印刷
书　　号　ISBN 978-7-5500-0751-2
定　　价　28.90元

赣版权登字：05-2013-307

邮购联系　0791-86895108
网　　址　http://www.bhzwy.com
图书若有印装错误，影响阅读，可向承印厂联系调换。

前 言
PREFACE

俗话说"望子成龙，望女成凤"，每个家长都希望自己的子女能够成为优秀的人。但是在孩子的成长过程中，总会碰到这样那样的问题，让父母们头疼不已。而父母们都希望把最好的东西给孩子，所以常常不顾孩子的意愿，把自己认为好的东西强加给孩子。殊不知正是因为这样的原因，才导致孩子对父母产生了很大的意见，从而使亲子关系渐渐恶化的。

因此，要怎样良好地和孩子进行沟通交流，就成为了当今困扰父母的一大难题。在面对孩子莫名其妙地生闷气时，很多父母总是想不通原因——他们觉得自己已经把最好的东西都给了孩子，为什么孩子就是不能理解他们呢？而其实孩子也希望父母能够理解他们，站在他们的角度为他们考虑，而不是站在父母自己的角度来思考，把一些父母认为好的东西强加给他们。

孩子犯了错之后，心里也会害怕，怕父母责罚。由于当下"棍棒之下出孝子"的传统思想在人们的心里依然根深蒂固，所以很多父母依然奉行这一准则，觉得孩子犯了错就该严厉批评，

这样他才能长记性，所以面对孩子的错误，父母依然我行我素，对孩子大吼大叫，这使得孩子对父母产生了不好的印象，和父母不再无话不谈，亲子关系产生裂痕。

"我不喜欢吃胡萝卜，我不要吃。""我就是要买那条裙子，我就要。""我没错，不是我干的！"面对孩子的种种行为，做父母的总是万般无奈。大多数时候，家长面对这种情况，都会忍不住脱口而出："不吃就算了，以后不许再吃冰淇淋！看你吃不吃！""那么贵，买什么？学习成绩又差，还想买什么裙子？""不是你干的是谁干的？家里就你一个小孩，难不成还是我干的？！"是的，面对孩子的无礼行为，父母总是忍不住大吼大叫。但是，家长们有没有想过，他还只是个孩子，还没有长大，还没有成熟到能够明白父母所说的话的含义，还不能够理解父母的艰辛？父母如果肆意地对孩子大吼大叫，往往会给孩子幼小的心灵带来阴影，让孩子对父母产生反感，长期下去，就会让孩子更加叛逆，从而影响亲子关系的和谐发展。

在孩子的成长过程中，父母的教育起到了重要作用，而且会影响孩子的一生。由于父母是孩子最重要、最信任的人，所以父母的一言一行都将对孩子产生深远影响。由此可见，要想使自己的孩子成为一个诚实守信的人，离不开父母的言传身教。孩子天性好模仿，父母的言行举止对孩子起着关键性的作用。一个家庭中，如果父亲不吃黄瓜，小孩也不爱吃，但是黄瓜里面有充足的维生素，妈妈教育孩子要吃，但孩子看到父亲没有这么做，自然而然也就不会听从指挥，他会想："爸爸都可以不吃，我为什么不可以不吃？"面对这样的问题，做家长的更要起到榜样的作用，父母要求孩子做的，自己当然也要做到。要知道，父母给孩子树立了正确的榜样，以后无论父母说什么孩子都会信服。

孩子在成长的过程中，总免不了犯各种错误，很多家长一提起孩子的错误都是一副恨铁不成钢的表情。可是家长有没有设身处地地想想，是不是自己的教育方式出了问题，孩子才老是犯这些错误的？孩子犯了错，做家长的不能不分青红皂白地一顿批评，父母也曾是孩子，应该更能理解孩子，要学会用他们以往的经验、教训来教育孩子，使孩子不至于走上歪路。没有哪个孩子在做哪件事的时候都是一步成功的，成长本身就是个不断试错的过程，只有让孩子亲身去经历，他才会明白个中道理，然后完善自己，才能做得更好。父母千万不能以自己的标准、观点来衡量孩子的对错，这容易造成孩子对家长的误解，影响亲子关系。

正所谓："势服人，心不然；理服人，方无言。"只有在理上让人信服，对方才会心悦诚服。父母在教育孩子的时候也应如此。父母应该知道，大吼大叫的教育方式只会让孩子对父母产生反感，对于父母的话不再听从，而且这种教育方式还会严重打击孩子的学习积极性。而青春期的孩子因为心理、生理上的变化，要求独立自主的思想越来越强烈，如果父母对孩子继续采用大吼大叫的教育方式，孩子会越来越抗拒父母，而且孩子的叛逆心理也会越来越强。父母在面对这样的问题时，要先学会控制自己的情绪，只有等自己冷静下来，才能更好地审视孩子的问题，认真听取孩子的想法，达到良好的沟通效果。

面对孩子成长过程中的种种问题，教育学家建议人们使用不吼不叫的教育方式。不吼不叫，照样也能培养出优秀的孩子。之所以这么说，是因为只有当父母自己情绪稳定时，才能更好地分析孩子的问题，站在孩子的角度去理解孩子，教育孩子也会达到

更好的效果。

不吼不叫的家教方式，是一种相互信任的家教方式，更是一种人性化的教育理念。父母在孩子面前扮演的是人生的指引者，而不是掌控者。在和孩子的相处过程中，父母更多的是应该引导孩子怎样走出心理误区，怎样改正错误，而不是替孩子决定一切。不吼不叫的教育方式同时还是一种对孩子的尊重和鼓励。这样，孩子在父母那里感受到的就是温暖，就是积极、正面的力量。

爱迪生曾经说过："天才就是百分之九十九的汗水加上百分之一的灵感。"没有哪个孩子一生下来就是天才，天才也是要靠后天的教育养成的。这其中，父母的教育方式就对孩子起到了关键性作用。父母在教育孩子的过程中，要认清孩子每次犯错的价值，做好指导工作，让孩子明白成功必然要经历挫折，鼓励他们要有信心和勇气面对挫折，让他们知道只有这样才能更好地直面磨难。

父母的一句话，可以照亮孩子的一生，让他有直面困难的勇气和力量；同样，父母的一句话也可以让孩子跌入深渊，走上不归之路。因此，父母在孩子面前要谨言慎行，不要大吼大叫，要杜绝一切可能会对孩子产生不良影响的语言，给孩子一个光明的未来。

对于孩子来说，父母若能给他足够的信任，就是对他最好的帮助。任何人都希望自己能够得到别人的信任，更何况是孩子。从小在父母的关怀下成长的孩子，遇到问题时首先想到的自然是父母，哪怕是出了问题，也是想对父母诉说，希望得到父母的支持。这时候，父母要充分扮演好"知心姐姐"的角色，帮助孩子更好地认识错误，改掉坏习惯，让孩子走出错误的困扰，赢得自信的人生。而不是靠大吼大叫的教育方式来惩罚孩子，这容易令孩子走极端，造成不可挽回的损失。

在当今社会，很多家庭都只有一个子女，因此家长对孩子是万分宠爱，要什么给什么，而在对孩子的教育问题上，更是小心翼翼。正是因为这个原因，所以很多孩子做事肆无忌惮，养成刁蛮任性的坏习惯。而一般父母在面对孩子的这种坏习惯时，总是气不打一处来，对孩子大吼大叫，严重损害了孩子的身心健康。显然，大吼大叫是一种极不可取的教育方式。对于孩子成长中的种种问题，家长要怎样才能帮助孩子走出错误的认知，赢得精彩的人生呢？这无疑已成为困扰家长的一大难题。

本书从孩子成长过程中遇到的种种问题入手，旨在告诉家长如何面对孩子的各种问题，并引导孩子走出误区，使其茁壮成长。家长在注重孩子智力开发的同时，要从孩子的生活小事入手，而且对待孩子既不能吼也不能叫，以免伤害孩子的自尊心和自信心，挫伤孩子的积极性，给其蒙上心理阴影。

本书一共分为八章：第一章、孩子的暴脾气都是父母吼出来的；第二章、你和孩子没办法沟通都是你吼出来的；第三章、你的嗓门越大孩子的成绩就会越差；第四章、纠正孩子的错误不是比谁的嗓门大；第五章、孩子的健康身体不是父母吼出来的；第六章、不吼不叫才能拉近与孩子的距离；第七章、孩子即使早恋了也不能大吼大叫；第八章、改变孩子生活中的坏习惯既不能吼也不能叫。书中各个章节之间衔接自然，从不同角度系统地概括了孩子在成长中遇到的种种问题，以及针对家长该如何应对提出了建设性的意见，希望能帮助广大读者找到合适的教育方法，一起共勉。

目录 | CONTENTS

第三章　你的嗓门越大孩子的成绩就会越差
——记住！孩子的学习成绩不是吼出来的

第四章　纠正孩子的错误不是比谁的嗓门大
——孩子犯了错既不能吼也不能叫

第五章　　孩子的健康身体不是父母吼出来的

——孩子挑食、不吃饭既不能吼也不能叫

第六章　　不吼不叫才能拉近与孩子的距离

——孩子和你亲不亲关键看你对孩子的态度

第七章　　**孩子即使早恋了也不能大吼大叫**
　　　　　　——孩子的青春期需要一个理性的家长

第八章　　**改变孩子生活中的坏习惯既不能吼也不能叫**
　　　　　　——孩子的坏习惯不是一天就养成的

第一章

孩子的暴脾气都是父母吼出来的

——培养孩子的完美性格不能吼不能叫

　　望子成龙，望女成凤，是每个父母都有的期望，当孩子的表现与自己的期望不相符时，很多家长就会选择冲孩子大吼大叫，用吼叫、呵责的方式来纠正孩子的错误。这是因为，家长们并不清楚自己这样做会对孩子带来很多负面的影响。其实孩子会模仿父母解决问题的方式，如果父母动辄便冲孩子大吼大叫，那么耳濡目染之下，孩子也会变得喜欢大吼大叫，养成一个暴躁的脾气。

　　金无足赤，人无完人。父母应该清楚，孩子总会犯些这样或那样的错误，父母应该肩负起自己的责任，用正确的方法来引导孩子向好的方面发展，用正确的态度评价、对待孩子的优点和缺点。

1

孩子的暴脾气与父母的行事作风有关

在日常生活中，人们不难看到，由于孩子不好好吃饭、不好好做作业或者不听父母的话，父母在无计可施的情况下，最后只能用大吼大叫的方式来命令孩子。当然，孩子一不开心就乱扔东西、随便打人的情况也并不少见。据新西兰家庭教育研究学会的研究表明：影响孩子的成长除了遗传、生物学因素以外，家庭环境因素也不容忽视。孩子脾气暴躁，除了先天遗传之外，家庭氛围、父母的教育也有很大的影响。孩子的情绪就犹如夏日多变的天气，说下雨就下雨，没有一点征兆。而孩子的暴躁脾气也让父母苦不堪言。

孩子的暴躁脾气其实与父母的影响是分不开的。父母的言行举止会在无形中影响孩子的成长，孩子会以父母为榜样，并在他们的学习生活中做出与父母类似的行为。一些父母自己的脾气比较暴躁，对待孩子也不能克制，动不动就对孩子大吼大叫，大加责骂。在这种环境下，孩子耳濡目染，自然也就会变得缺乏耐心、浮躁、脾气暴躁。所以在爸爸妈妈总是因为小事而发牢骚，或者因为孩子做错一点事情就大吼大叫、大声斥责的家庭环境下，孩子会变得缺乏安全感、怯懦胆小或者是变得和父母一样暴躁。长此以往，缺乏父母的正确引导，孩子就很难拥有良好的自控能力，最后导致孩子随时随地发脾气成为一种常态，且不能轻易地改正。

吴浩是名小学五年级的学生，因为妈妈刚刚下岗，所以家庭经济情况不太好。考虑到这一点，妈妈给吴浩的零花钱少了很多。一次，妈妈就给了吴浩五块钱作为一个星期的零花钱，并且她还反复叮嘱他要省着点用。一天，吴浩急急忙忙地回到家里，兴高采烈地对妈妈说："妈妈，我们学校今天组织给山里贫困的小朋友募捐，听老师讲那些小朋友连学习用品都没有钱买，您不是给了我五块钱嘛，当时我就想把所有的钱都捐出去……"

妈妈听到这里，特别生气地对吴浩吼道："你把五块钱都捐出去了？你怎么这么不懂事啊！家里的情况你又不是不清楚，我刚下岗，咱们家就靠你爸那点工资生活了，你把零花钱都捐了，那你这个星期就别再跟我要零花钱了！我看你怎么办！"

吴浩听到这里，心里特别委屈，他对妈妈吼道："我没有都捐出去，我本来是想捐五块钱的，可是老师知道后，只让我捐一块钱，老师告诉我一块钱也能代表我对山区小朋友的心意，剩下的钱叫我自己好好留着！"说完这些，吴浩就从家里跑出去了。

吴浩做了一件好事，急于得到父母的认可，可是吴浩妈妈没有听完他的话，就急匆匆地骂他，这必定会让吴浩伤心。而反观吴浩老师的行为，则会让吴浩心中十分舒畅。老师能够从他的家庭实际情况出发，并且用不伤孩子自尊心的方法给孩子作出了正确的引导。对比吴浩妈妈的教育方式，老师的做法自然能够赢得吴浩的喜欢。长此下去，吴浩只会越来越喜欢老师，而与妈妈的关系则会越来越糟。

即使吴浩把五元钱全部捐出去了，如果妈妈能够把"量力而为"的道理讲给他听，帮他好好地分析把钱全部捐出去带来的后果，这样，吴浩不但能听取妈妈的解释，还会从心底里佩服、敬仰妈妈。但是她却选择用大吼大叫的方式来给吴浩讲道理，这样吴浩不但不会听从劝告，还会因为妈妈的吼叫，而觉得妈妈不尊重自己，进而会因为妈妈恶劣的态度生气。结果只会是两败俱伤。

那父母为什么会吼叫呢？当父母对孩子大吼大叫、反应变得情绪化的

时候，透露出来的信息就是，父母想要让自己平静下来！无论父母说了什么，无论孩子有多大，当父母怒吼时，唯一透露出来的信息就是——平静下来，再来想对策。任何时候，父母在大吼大叫都是在寻求别人帮助自己平息焦虑的情绪。而且，父母有时候的吼叫只是为了捍卫自己的权威，在他们心中只有通过吼叫才能掩盖自己的心虚。可是，孩子并不清楚这个事实，他们看到的只是父母冲他们发脾气。孩子面对父母的大吼大叫时，为了表示他们的不满，有时他们也会吼回去。经常吼叫会使孩子在遇到不顺心的事情时选择大声吼叫来宣泄。

父母的说话方式，行为举止等等都会给孩子起到榜样作用。那么如何才能用一个好的方式来改变孩子的暴脾气，使孩子不吼不叫呢？想要让孩子不吼不叫，父母要注意以下几点：

（一）孩子也需要尊重

和孩子交流时，要把他们放在与自己平等的位置上，要允许孩子有反对意见，也要允许孩子提问题。孩子行为习惯的养成不是大脑思考的结果，而是通过感官感受到并对之加工而表现出来的。所以，父母将孩子放在平等的位置上，孩子也能够感受到父母的尊重。父母可以通过经常问孩子的意见来展现尊重的态度。比如说"你怎么看啊？""我觉得……"或者是"你那样做，我觉得……"之类的话。

父母说出来的话也要合乎道理，不能明明是错的，还要让孩子做。而且，父母说话的时候还必须动之以情、晓之以理——父母说的话只有既有道理，又让人在感情上能够理解，孩子才会完全接受，而也只有情理交融的话才能够使人心服口服。所以，父母要放下父母的架子，以平等的态度真诚地与孩子互动，不摆一言堂，不居高临下地讲大道理，更不要大声训斥、数落、讽刺挖苦，而要和孩子讲心里话，让孩子感受到父母对他的爱。

（二）父母要用晓之以理、动之以情的说话方式

在和孩子说话的时候父母要考虑孩子的个性、年纪、理解接受能力等因素。如果孩子性格开朗活泼，说话的时候就可以开门见山；理解接受能力差的话就应该用小故事讲出大道理，不能由着自己的想法、情绪随意发挥。更重要的是，对于理解接受能力差的孩子父母要特别有耐心，不要着急，要学会等待，某些事说一次孩子理解不了，就多重复几次。说的时候不要带有不耐烦的语气，这样会打消孩子的积极性。说完一句之后要停顿一会儿，趁着这个间隙让孩子充分理解大人的意思。

而且，父母说话时要富有感情。要想让孩子接受父母的建议、批评，就要先告诉他们为什么这样做是错的，此时，语气不能太严厉，因为太严厉的话，孩子会感到害怕。语气要尽量柔和，用一种商量的口吻来说话。此外，要注意与孩子互动，即陈述了自己的观点之后，要用好奇的语调来问孩子的感受。要知道，情感的激发对于纠正孩子的错误十分重要。父母与孩子交谈时，语言不能总是生硬严肃，这样会给孩子一种冷冰冰的感受，而且会让孩子感到紧张（这个时候不妨用幽默的语调来缓解压抑的气氛）。当然，批评的话父母也要三思后再说，要避免尴尬局面的产生。

（三）树立父母的威信

良好的教育效果，需要父母的威信来加以保证。所以，父母平时要说话算话，自己做不到的事情也不能强求孩子做到。比如，父母告诉孩子过马路时要等到绿灯亮了才能过去，那么自己就不能闯红灯。不仅如此，当孩子指出父母的错误及缺点时，父母应该虚心接受，认真改正。这样就会给孩子传递一个讯息：金无足赤，人无完人。父母有错就改，起了一个表率作用，那孩子自然也会有样学样。而且，这样的表率会让孩子对父母心生敬佩，自然也会让孩子听父母的话。

本节家教智慧

　　父母是孩子人生中的第一个老师，孩子是好还是坏，与父母密切相关。所以，作为与孩子接触最早、时间最长、影响最深的教育者，父母应该给孩子树立一个好的榜样。与孩子相处时也要特别注意自己的言行举止。作为父母，要给孩子足够的尊重，还要用自己正确的行为感染孩子。在一个民主、平等的家庭环境中成长，孩子自然不会养成坏脾气。所以，想要让孩子远离暴脾气，最好的办法就是父母做好表率。

父母心态平和，孩子脾气自然会好

　　平和的心态是人们最佳的心理状态，在这样的心态下，人们头脑冷静，不受外界干扰，做出的决定往往也是最正确的。父母心态平和的话，就不容易因为孩子做错一点事情而发脾气，而在这种心态下，父母也可以给孩子最好的家庭教育。当孩子不听话的时候，父母大发雷霆是解决不了问题的，反而会让孩子因为惧怕而与父母渐行渐远。而且，发完脾气之后，父母往往比孩子更难过。因为发脾气同样会让父母心力交瘁，并且愤怒过后的懊恼情绪也会让父母陷入痛苦当中。显然，父母发脾气不但不能解决问题，还会让孩子与自己都不舒服。因此，父母最好让心态平和一些，少对孩子发脾气。

　　生活中，很多父母教育孩子的主要手段之一就是发脾气，可是发过脾气之后孩子会因此有所改变吗？答案是不会。如果孩子做的事情真的惹恼了父母，那么怒火就会在父母的内心燃烧，这熊熊的火焰会促使人将怒火发泄出来。但是这种怒火并不能解决实际问题，孩子还会因为父母的恶劣态度而变得情绪暴躁，而父母有一个平和的心态则不一样。在平和的心态下，孩子的错误不会无限放大，愤怒也不会那么强烈，还能够让父母采用最适宜的方法教育孩子，孩子同样也会从父母平和的心态中受益。

　　瞳瞳是一个性格活泼开朗、聪明伶俐的小女孩，可是活泼爱闹的瞳瞳刚上小学的时候，却不爱听课，也不喜欢学习，老师批评也不能让她有些许的改变。更严重的是，她有时候还会在课堂上大吵大闹，影响课堂纪

律，这让瞳瞳的妈妈十分失望。

回到家后，妈妈开始辅导瞳瞳做作业，可是爱玩的瞳瞳非要和妈妈玩游戏，妈妈不许她玩，她就哭。妈妈十分生气，一怒之下冲瞳瞳吼道："玩具那么好玩啊？你就不能好好写作业吗？你再不写作业，我就把你的玩具全扔了！"

瞳瞳被妈妈发脾气的样子吓坏了，只是一直哭。后来爸爸回来了，他先劝妈妈不要生气，然后耐心地问瞳瞳为什么不愿意做作业，在这个过程中，爸爸一直都是平心静气的。瞳瞳得到爸爸的安慰，止住了哭声，并且开始做作业了。

妈妈为了能够更好地教育瞳瞳，阅读了很多关于家庭教育的书籍，并特别咨询了教育专家卢勤。在专家和知识的启发下，她终于找到了自己在教育孩子方面存在的问题：自己教育孩子时的心态不对，没有用正确的态度和方法来教育孩子。

找到了自己在教育孩子方面存在的问题之后，妈妈就开始调整自己的心态，尽量让自己变得平和，并且在心中提醒自己："事情只要发生，那就是合理的。我只有在平和的心态下，才能够采用最好的教育策略，有效控制自己的情绪，这样孩子才能听我的话。"

从那以后，每当瞳瞳有了进步，妈妈就会夸她："呀，瞳瞳真棒！你下次肯定能做得更棒！"当瞳瞳因为调皮而犯错时，妈妈就对她说："瞳瞳这次不是故意的，下次一定不会再犯了！"当瞳瞳不愿意做作业时，妈妈就会说："瞳瞳是个乖孩子，老师都说瞳瞳是个好学生，那好学生肯定能够完成老师布置的作业呀！所以，瞳瞳只是现在不想做，等会儿肯定会做的。"

有了这种平和的心态之后，妈妈教育瞳瞳也更加得心应手了，而瞳瞳也变得十分听妈妈的话，不再乱发脾气、不写作业了。

诗人汪国真说："心晴的时候，雨也是晴；心雨的时候，晴也是雨。"这就说明：心态决定一切。有一个积极乐观的心态会让父母在对待子女的错误和缺点时，心怀包容；而一个消极悲观的心态则会让父母只看得到子女的缺点，看不到闪光点。可见，平和的心态才能使父母与子女的感情更加融洽，那么，父母如何才能拥有一个平和的心态呢？

（一）学会容忍

懂得容忍身边人，特别是孩子的缺点和不足。孩子还处在一个懵懂的时期，难免会犯错。在孩子犯错的时候，父母应该克制住自己的怒火，想一想这样做的后果，然后再来处理问题。孩子犯错之后，父母不要急于责骂，要先了解清楚实际情况，然后再耐心地帮助孩子认识自己的错误，并且引导孩子改正。父母要不断提高自己的修养，始终包容孩子的缺点和不足，容许他们犯错，而且要从孩子的角度来考虑问题，要明白孩子还没有足够的能力去正确处理问题，所以要容忍孩子犯错误。

不要对孩子要求太过严格。事事都用完美的标准来要求自己和孩子，只会让父母和孩子都精疲力尽。而且，父母对孩子要求太多只会使孩子心生厌烦，也会让孩子讨厌父母的喋喋不休。孩子许多事情都没有经历过，不知道怎样做才是对的，他们犯错误也只是在了解这个世界。父母此时就要尽量做好孩子的人生向导，通过对孩子一次又一次的错误的纠正来指导他们，从而避免孩子犯同样的错误。所以，父母一定要学会容忍孩子犯错，只有在不断的犯错中孩子才能够快速成长。

（二）使用不以物喜，不以己悲的教育方式

当孩子在成绩上有了很大进步时，父母不能够太过欣喜若狂。否则，父母这种过度开心的表现会让孩子觉得压力很大，心中的包袱也会变得更重。但是父母也不能没有丝毫开心的表现，孩子的成绩有所进步时，是需要父母加以表扬和鼓励的。因为对于孩子而言，父母的表扬是他们前进的

动力。而且，孩子有进步时父母的反应会随时反馈到孩子的行为上。

同样，当孩子出错、成绩退步时，父母也不应大动肝火。因为父母的怒火会令孩子心生恐惧，而且父母的强烈反应也会在无形中向孩子传递一个讯息：表现不好就要受到惩罚。人生起起伏伏，有高有低，孩子的表现、成绩也是如此，所以父母不应该苛求太多，孩子只要努力过就行了。孩子的成绩或者是表现有所提高，既是对孩子那一段时间成长的肯定，也为孩子进一步提高奠定了基础。

现实生活中，学会制怒不是说说就能够达到的，不以物喜、不以己悲的教育方法，也不是想想就能够做到的，这些要靠父母长期的修炼。所以，父母不要老盯着孩子的错误和缺点不放，而要明白那些错误和缺点都无关紧要，重要的是要让孩子学会改正。

本 节 家 教 智 慧

父母与孩子相处的时间最长，因此父母的一举一动都会在很大程度上影响孩子的表现。父母心态平和，对待孩子不凶不吼，平心静气地和孩子交流问题，共同想出解决的办法，这样孩子就会乖乖地听父母的话。父母不吼不叫，孩子自然会明白吵闹吼叫是不会影响父母的决定的。在父母的言传身教、潜移默化下，孩子也不会用吼叫的方式来解决问题。

3

理解孩子的坏脾气

　　新加坡儿童行为研究学会发表文章称：儿童在一岁之后就会懂得发脾气。一旦外界事情发展不合自己的意，孩子就会通过大声哭闹、摔东西、打滚等行为来表达自己的不满。儿童这种"大动肝火"的发脾气行为不只是针对外人，有时候还会针对自己。比如说要拿东西时，因为手不够长，孩子就会发脾气。此时孩子发脾气是自己意欲成长的表现，当极力想要做某件事情，但现实却使得孩子满足不了自己的这种愿望时，他们的心灵就会变得慌乱起来，这种慌乱就会通过情绪上的起伏表现出来。他们希望父母能够满足自己的需要，如果满足不了，孩子就会通过发脾气的方式来宣泄心中的不满。因此，孩子在想要得到什么却得不到时，就会大喊大闹，大发脾气，甚至是当街打滚，而这时父母为了不丢面子往往都会选择满足孩子的愿望。父母的这种屈从无疑是在给孩子传递一个讯息：只要哭闹，想要什么就有什么。长此以往，孩子就会越来越得寸进尺，脾气也会变得越来越坏，父母也愈加难以管教孩子了。

　　史密斯太太四岁的女儿露西非常喜欢哭闹，大人一有不合她意的行为就会引来她的大吵大闹。史密斯夫妇因为只有这一个女儿而对她百般迁就，从未制止她随意发脾气的习惯，结果露西就变得越来越爱哭闹，发脾气也越来越厉害了。看着露西向着不服从大人管教的方向发展，史密斯夫妇就决定好好地教育她。史密斯夫妇教育露西：有什么要求，一定要讲出充足的理由来，只要讲出的理由合理就给予满足。如果不讲理就随意发脾

气，那么理由再充分也不会答应。

这天，露西又发脾气了。原来，史密斯太太让她先练习钢琴，而且一定要练满一个小时之后才能玩。可是露西还没练到十分钟就没有耐心了，吵着闹着要去玩。这时，史密斯太太教育她要养成先学习再玩耍的好习惯，但是露西并不听妈妈的教导，还发起脾气来，朝着史密斯太太又吼又叫。

史密斯太太见女儿完全不讲道理，于是生气地对她说："你今天不能玩玩具了！"露西一听，反而闹得更凶了，还朝着史密斯太太扔东西。史密斯太太看着女儿的反应，立马将惩罚加重："你明天也不能玩玩具了！"到了第二天，露西找遍所有房间都没有看到玩具的影子。在这种情况下，露西本来又想发脾气的，但是想到妈妈可能会让自己再也玩不到玩具就克制住了。而且，从这以后露西再也没有采取这种无理的方式来表达自己的要求。

由此看出，孩子的坏脾气不是天生的，而是父母惯出来的。英国行为主义心理学家托马斯·怀特指出，孩子的行为不论好坏，只要得到了父母的赞赏或认同，就会使这一行为在孩子的头脑中得到强化，以后遇到类似的事情，自然会做出相同的反应。当孩子第一次通过发脾气得到自己想要的东西时，下一次遇到想要什么东西父母不给时，孩子就会采用发脾气的手段来威胁父母，这样恶性循环下去，孩子自然会养成一个坏脾气。

小孩子发脾气有很多类型，父母需要先区分出其中的差别，才能更好地解决孩子乱发脾气的困扰。那么，我们先来了解一下孩子乱发脾气的主要因素。

（一）精神方面

孩子在非常疲惫或者不明白别人的行为时，就很容易发脾气，很多情况下孩子会通过哭闹和扔东西的方式来发泄。这种情况下，父母应该理解孩子的行为，不能不管不问地就去责骂。此时正确的反应或者是应对方式就是及时安排孩子小睡或者给予解释；如果这两种方式都不管用，父母就要想办法先让孩子安静下来，然后问清楚孩子为什么发脾气，进而安慰、鼓励孩子，给他提供帮助；如果以上方式皆不奏效，那么父母就应该学会转移孩子的注意力，让孩子去做些其他事情——如此往往就可以让孩子从这种状态中解脱出来。

（二）寻求父母的关注

有时候，父母工作太忙，无暇顾及孩子的感受，不能抽空陪孩子玩闹，孩子就会误认为父母不喜欢自己了，进而会用发脾气的方式来掩盖自己的恐慌。孩子发了脾气，父母往往就会立刻放下手中的事情，上前与孩子交谈，这个时候孩子的目的就达到了，那么下一次孩子遇到想要和父母玩，或者父母出门不准备带他等情况时，他就会采用哭闹的方式来引起父母的注意，进而达到自己的目的。在这些情况下，父母需要平息孩子激动的心情，对孩子说自己在乎他，并且把他放在一个相对安全的地方，让他发完脾气，平静下来，再上前与他交谈。

（三）生理方面

当孩子还不能表达自己的想法时，只能通过自己的表情、哭喊来传达自己的感受。孩子饿了的时候，如果父母没有及时给他食物，他就会通过发脾气来表达自己的不满；孩子身体不舒服时，也会通过发脾气的方式来引起父母的注意。在这种情况下，父母一定要冷静下来，紧紧抱住孩子，让他感到安全，同时这还可以防止他伤害自己或他人。等孩子平静之后，父母就要认真听取孩子的烦恼，并且了解孩子发脾气的原因，及时疏导教育孩子。通常，这样就可以避免孩子再次犯同样的错误。

所以，孩子一旦发脾气，父母要做到以下几点：首先，弄清楚孩子

发脾气的原因；其次，尽量从孩子的角度看待引起孩子发脾气的事情；再次，在孩子发脾气的时候，父母一定不能急躁，要把控住自己，而且在必要的时候要对孩子作出让步，但是让步要有理、有利、有节，并且让步也不能够过大、过于频繁，否则，就很有可能会让孩子养成用发脾气的方法来与父母讨价还价的习惯。

如果孩子4至5岁的时候还随意发脾气，父母一定不要跟着生气。此时，父母可以选择告诉孩子自己是如何疲劳和心烦，让孩子意识到自己的行为会给父母带来多大的困扰。但不能对孩子进行身体或口头上的侵犯，一定要耐心地对待孩子的教育问题。因为在教育孩子的路上，没有捷径可走。

本节家教智慧

成年人都不能避免发脾气的情况出现，就更不能强求不懂事的孩子懂得克制自己了。孩子发脾气，父母的应对会引发孩子一系列相应的反应。孩子发脾气是意欲成长的表现，作为父母要了解孩子发脾气的原因，在孩子想自己尝试做的时候就大胆放手地让孩子做。而且，如果孩子因为达不到自己的意愿而又吼又叫时，父母应该若无其事地应对。先理解孩子的坏脾气，然后再予以解决。

4

允许孩子发点小脾气，小脾气让身心更健康

孩子在众人面前大发脾气，会让父母觉得很没有面子，出于对面子的考虑，父母都会尽力地压制孩子的这种行为。通常情况下，孩子在众人面前的异常反应会引起父母的强烈反感，而父母在发泄怒火时，却很少会顾及孩子那个时候的心理和情感需要，久而久之，就会影响父母与子女的感情。

很明显，父母当众教训孩子的行为是不对的，作为一个明白事理的成年人，父母脑海中有一套自己的行为标准，什么事情可以做，什么事情最好不做。在感情上，父母心中也把控得清楚，什么样的情感适宜什么样的场合，什么样的情感发泄出来会带来不好的后果。然而，父母却不能用自己的标准去要求孩子，因为孩子还没有形成掌控自己的概念。比如说，孩子在两至三岁的时候，喜欢发脾气是很正常的，父母不应该责骂孩子。这是因为这个年龄的孩子还不懂事，自制能力差，也不知道通过什么途径来发泄自己的情感，所以发脾气就成了他们的第一选择。而且，父母不让他们发脾气的原因他们也理解不了。但是如果到了四五岁，孩子还随意地发脾气，那父母就要反省下是不是自己的教育方式出了问题，因为这个时期的孩子，已经可以明白比较浅显的道理了，而且也有了一定的控制能力。

妞妞是一个十分固执的孩子，什么事情一旦自己认定，就一定要做到，旁人不能够影响分毫。比如，和妈妈一起去逛街，看到了喜欢的玩具就一定要得到，不管妈妈答不答应。如果妈妈不给她买的话，她就会大发

脾气，不管在什么场所。对于妞妞固执的性格，妈妈十分烦恼，总是要提防她随时随地发脾气。

为此，妈妈特地去咨询了儿童教育专家董琪教授。妈妈对专家说："我家妞妞平常都很乖的，就是一不顺她心，她就会发脾气，而且怎么劝都不行。真是让人烦恼！"

董教授对她说："孩子发脾气是正常的情感宣泄，作为父母要允许孩子发点小脾气，但是更重要的是要找到孩子发脾气的原因，还要想办法安抚孩子，不能和孩子硬着来，也不能一味地顺从孩子。"

听完董教授的劝告之后，妈妈回去留心观察妞妞发脾气时的场景后，发现妞妞总是在父母不耐心或者有愤怒的表情之后才开始发脾气的，而且很难被劝服。在听从董教授的建议，并且看了一些董教授推荐的育儿书之后，妈妈明白了孩子也有归属感的需要，随后不禁幡然醒悟——妞妞看到父母发脾气，可能是害怕爸爸妈妈不要自己，并且产生了恐惧感，然后借发脾气来宣泄自己的害怕。

妈妈找到原因之后就有了一个大致的对策。有一次，妞妞又发脾气了，这次妈妈没有表现出丁点的厌烦，也没有不问缘由地就对她大加呵斥，反而是抱紧妞妞，对她说："妞妞，妈妈的好孩子，妈妈知道你难过，能告诉妈妈你为什么难过吗？"问完之后，妞妞止住了怒火，犹豫地说道："妈妈，你刚刚生气，是不是你不喜欢我了？"

妈妈听后，会然一笑，接着抱了抱妞妞，说道："傻孩子，妈妈怎么会不喜欢你呢？妈妈爱你都来不及呢！妈妈刚刚心情不好，才会对你态度不好，但是妈妈是很喜欢妞妞的，妞妞要相信妈妈。"从此以后，每当妞妞要发脾气的时候，妈妈就对她说妈妈很爱妞妞，这样说了之后，妞妞就变得平静了许多，也不会再随意发脾气了。

孩子发脾气，不仅影响自己的情绪和身体健康，还会让父母变得焦虑不堪。而父母无法让孩子平静下来，往往就会采用吼叫等不理智的方法命令孩子平静下来。可这样就会形成一个恶性循环，对父母与子女都不利。因此，在孩子发脾气时父母一定要找出孩子发脾气的原因，并极力劝服孩子，而且只有"对症下药"，孩子才不会随意发脾气。另外，在处理孩子的情绪问题时，父母要注意以下几方面：

（一）允许孩子发发小脾气

当孩子处于盛怒的状态中时，父母不要阻止其宣泄情感。强行要求孩子不发脾气，打断他的宣泄会让孩子将怒火郁积在心中，长期如此对孩子的健康不利。这时，父母正确的做法是：等孩子发完脾气之后，平心静气地和孩子交谈。并且，在孩子发泄怒火的时候，父母最好不要表现出不耐烦或者厌烦的表情，这样只会令孩子怒火更盛。此时，父母应该用理解的态度对待处于怒火中的孩子，看着他，静静地等他发泄完。这样做无疑是在给孩子发出一个讯息：父母很关注你，也很在意你的感觉和情绪。

美国心理研究学会发布报告称：当人感到愤怒想发脾气时，应该及时宣泄出来，这样有利于自己的身体健康，也会使自己更长寿。如果有怒气而不发泄就会导致身体受到伤害。有气不发一方面损害心脏，另一方面也会影响免疫系统的正常工作，并引起内分泌的变化。所以，合理地发泄怒火能够降低情绪对人体产生的不利影响。由此可见，允许孩子发点小脾气，有利于孩子的心理健康，益于孩子宣泄心中的负面情绪。

（二）给予孩子适合发泄的机会

父母发现孩子有发脾气的倾向时，应该鼓励孩子把心中的不快吐露出来，而且在弄清楚什么事情困扰孩子之后，要尽量帮助孩子摆脱这种烦恼。如果交谈之后还是不能够阻止孩子发脾气，那么就让孩子将脾气发泄出来。而父母在孩子发脾气的时候也可以采取冷处理的方式，不予理睬，让孩子自己冷静下来。或者，父母可以让孩子选择适当的发泄方式。比如

让孩子通过做运动来发泄怒火，这样不仅可以让孩子将怒火宣泄出来，还有利于孩子的身心健康。此外，还可以让孩子唱歌——在唱的过程中，孩子会忘记烦恼，这样孩子的脾气会在不知不觉中变好。总之，在孩子发脾气的时候，不要立刻阻止，要等孩子发完脾气后再进行疏导。

孩子处于疲劳或者是饥饿状态时，特别容易发脾气，父母在这个时候应该让孩子发泄出来，然后再加以解决。但是孩子因为心理需要而发脾气时，父母能否正确处理，对于孩子将来会不会乱发脾气有很大的影响。此时，父母应该培养他们正确发泄怒火的方式，诸如培养广泛的兴趣爱好、学习乐器、绘画、下棋等。通过这样的方式，既可以满足孩子的心理需要，还可以降低由于满足不了心理需要而产生的怒气。

（三）孩子发脾气时，父母态度要一致

在孩子发脾气的时候，父母的态度也会对孩子产生极大的影响。生活中，在孩子发脾气的时候，父母们习惯有人扮红脸，有人扮白脸，有人不予理睬，有人上前哄劝，也有人赶紧离开孩子，而对待孩子的怒火，父母态度不统一会给孩子带来不小的困扰。因而，在孩子发脾气时父母不能分成几派，更不能当着孩子的面争吵。在应对孩子发脾气这件事情上，父母态度一定要一致，彼此要沟通好，一旦孩子大哭大闹起来，父母也可以用态度一致的表现让孩子知道自己这样做对不对。

如果父母在孩子发脾气时态度不一致，会让孩子更加迷茫，不知道听谁的才正确。妈妈哄劝正在发怒的孩子，会让孩子变得越发娇气，脾气也会越来越暴躁，而如果此时爸爸上前呵斥孩子，孩子会因为有人在哄劝自己觉得自己的行为是正确的，从而对于爸爸的训诫不予理会，如此一来，爸爸在孩子心中的威信就会被妈妈的哄劝给消磨殆尽。如果父母态度一致，在孩子犯错时，都加以纠正，孩子就会想，大家都有这样的反应，那自己做得肯定不对，进而就很容易改正自己的行为。

本 节 家 教 智 慧

与成年人不同，孩子的喜怒哀乐等情绪都是不加掩饰就表现出来的，这是孩子的一个自然反应。而孩子发发小脾气是正常的生理与心理需要，所以父母不能够剥夺孩子的这种权利。

5

培养孩子的好性格，父母不能吼叫

近年来，在家庭教育领域出现一个新词汇——零吼叫，即用不吼不叫的方法来教育孩子。零吼叫的方法主要是针对父母，父母是孩子人生中最早接触的教育者，父母的一言一行、处事方法都会在孩子身上得到投射，所以父母要特别注重教育方法。零吼叫要求父母们将注意力放在如何控制住自己焦虑和暴躁的情绪上，学会克制而不是用吼叫的方式来命令孩子这样或那样做。

也许父母会对零吼叫的教育效果产生质疑，心底会生出"零吼叫真的比吼叫的教育方法好吗？"这样的问题。对于父母而言，吼叫的方式可以在一定程度上震慑住不听话的孩子，还可以警示他们顽皮捣蛋的行径是不对的。而父母如果轻声细语地讲道理有时候并不能引起孩子的重视，达不到教育孩子的目的。出于这样的考量，父母会觉得适时的吼叫能够起到一定的作用。其实不然，虽然大吼大叫会在当时起到一定的震慑效果，但是大吼大叫的教育方式不仅会给孩子带来恐慌，让孩子对父母产生畏惧感，还会伤及孩子的自尊心；更为严重的是，吼叫的教育方式会让孩子在潜意识中认为只要吼叫就能解决问题，这样会影响孩子将来的处事习惯。而不吼不叫则是一种较为温和长久的教育方式，有利于激发孩子发挥身体的各项技能，拥有一个好性格。因此，父母要让孩子拥有一个好性格，就不能大吼大叫。

八岁的翔翔从小就没有"物归原处"的习惯，他的书包不是随便扔在餐桌上，就是抛在沙发上，他从来都不会乖乖地将书包放在书桌上。这样，每天早上去上学的时候，他不是要找袜子，就是要找书包，零零总总要花十几分钟的时间找东西。

不仅如此，翔翔还会把妈妈给他整理好的东西翻得乱七八糟，之后便置之不理，妈妈为此批评了他很多次。而且，在学校的时候他还总是因为忘记带课本或者作业而受到老师的批评。一次，妈妈终于受不了翔翔总是把东西乱扔，她冲翔翔大吼道："只知道乱扔东西，你不知道妈妈帮你整理要浪费好多时间吗？妈妈上一天班本来就很累了，现在你给我把自己东西放好，听到没有？"

翔翔被妈妈批评过后立刻去收拾自己的东西了。可是没到一天，翔翔的东西就又被扔得到处都是。

父母对孩子大声地吼叫，会带来一系列的连锁反应。而且这些反应往往都是不好的，不仅对孩子没有益处，父母也会因为自己吼叫的行径而大为烦恼。如果孩子接受了父母的训诫，那么他就会为了避免再次听到父母的吼叫而战战兢兢地生活，不敢主动去尝试新鲜事物，而且还会因为害怕犯错而拒绝长大，最后会成为一个怯懦胆小的人。吼叫带来的负面影响还有以下几方面：

（一）大吼大叫会让父母失去威信

当孩子做出令父母不满意的行为时，父母不采用正确的方法来引导，而是用大声吼叫的方式来发泄自己的情绪，这种教育方式只能起到一时的作用，孩子过不了多久就会忘记父母的教导；父母用吼叫的方式给孩子讲道理，孩子不但听不进去，还会因为父母的恶劣态度而闷闷不乐，不仅教育目的没有达到，还会弄得两败俱伤。

父母采用吼叫、责罚等高压手段来树立威信，这样树立威信的手段，会给父母与子女的关系上蒙上一层阴影。而且，这种通过高压手段树立的

威信并不能够持续长久。父母大吼大叫，只会使孩子更远地避开容易发怒的父母，让孩子为了躲避父母的责骂吼叫而说谎，变成一个怯懦的人，同时也会养成孩子的残酷性格。

父母似乎习惯于用说教或者吼叫的方式获得威信。而前苏联教育专家马卡连柯说，父母刻板地以为，可以用很多训诫和教化式的谈话来侵蚀儿童的生活，他们以为这就是主要的教育方法。但是实际上父母整天高谈阔论、唠唠叨叨、大吼大叫的话语在孩子的意识中会随着时间而消失得无影无踪。父母一味地采用说教、吼叫的教育方式不会使孩子感到父母有任何的威信。因此，父母的吼叫并不能够帮助他们在孩子的心中建立起威信，反而会让孩子心生厌倦。

（二）吼叫令孩子不想回家

家庭氛围是一个看不见、摸不着的东西，但是每一个家庭成员却都能够切身地体会到。如果把孩子比作一朵含苞待放的花朵，那么家庭氛围就如同花朵赖以生长的阳光，如果给花朵以阳光而不是狂风暴雨，那么花朵自然会傲然绽放。父母扮演着家庭氛围营造者的角色，其言行举止无时无刻不在影响着家庭氛围。如果父母总在家里大吼大叫，家里的火药味就会很浓，家庭氛围自然不会好，无形之中，孩子也会产生压抑的情感；如果父母总是轻身细语地对孩子讲话，家庭氛围就会变得比较和谐，孩子也会比较轻松。

父母除了要满足孩子的生理需要之外，还要满足孩子的心理需要，心理需要则可以通过营造一个好的家庭氛围来获得。如果家庭成员关系紧张，父母经常会有吼叫的情况出现，孩子就会因为不想再感受这种"凝固"的家庭氛围而产生不愿意回家的念头。这个念头是非常危险的，有时甚至会导致孩子走上不归路。通过观察社会现状，人们可以发现，那些成绩不好、没有好习惯甚至是走上犯罪道路的青少年，80%都是来自于家庭氛围不好的家庭。所以，从孩子健康成长的角度来看，父母最好不要对着孩子吼叫、打骂。

（三）父母吼叫，孩子好性格的养成会受到影响

父母用什么样的方式对待孩子，孩子也会有样学样地用同样的方式回馈父母。父母与孩子的相处过程，其实就是一个"教"与"学"的过程。父母如果在孩子做错了事情的时候就大吼大叫，那么这种无形的"教导"过程就会使得孩子在不知不觉中采用父母的处事方法——别人一有错误就大声训斥，大吼大叫，并且会在不知不觉中形成暴躁的性格。等到父母发现孩子吼叫不好时，回过头来寻找原因时才发现根源在自己身上。

所以，为了孩子有一个好性格，父母应该谨慎地对待孩子。如果孩子的言行举止让父母有所不满甚至有不被尊重的感觉时，父母不能不问缘由就大声斥责孩子，大吼大叫地命令孩子不能这样做，而是应该先问清楚原因，然后再想想孩子的行为是不是受了自己的影响。如果父母的言行举止真的给孩子带来了不好的影响，父母就应该反思一下自己。

种什么因，得什么果，想要纠正孩子不妥当的行为，父母就必须先树立起一个好的榜样。

本 节 家 教 智 慧

孩子就是父母的一面镜子，时时刻刻反射着父母的优点与缺点。但是父母只看到了孩子的问题，却不知道孩子的问题其实就是自身问题的反映。所以要培养一个好性格的孩子，父母首先要以身作则。在大吼大叫之前，父母要仔细想一想自己的行为可能会带来的后果。父母还须明白用吼叫的方式来教育孩子，最后只会让孩子往叛逆或怯懦的方向发展。

6

让暴躁的孩子改掉坏脾气，首先要让父母改掉坏脾气

　　孩子的性格形成，深受父母性格的影响。这是因为孩子降临到这个世界上时，最先接触到的就是父母和家庭环境。并且，从出生到上学，孩子与父母待的时间最长，父母的言行举止也会在他们的脑海中留下深深的印记，因为孩子在不懂事前就会模仿父母的一言一行。前苏联教育学家马卡连柯曾经告诫过广大父母："你们如何穿戴，如何同别人谈话，如何谈论别人，如何欢乐或者发愁，如何对待朋友或者敌人，如何笑，如何读报……这一切的一切都对孩子有着重要的意义。"这就是说，孩子的性格养成深受父母的影响。所以，要想让孩子改掉坏毛病，形成一个好性格，父母就应该先改掉自己的坏脾气，向好的行为举止看齐。

　　外交部前部长李肇星的儿子李禾禾是一个非常优秀的孩子，他在2001年的时候以年级第一的成绩从美国宾夕法尼亚大学毕业，然后又以优秀的成绩被哈佛大学工商管理学院录取。李禾禾聪明懂礼，是一个性格十分好的孩子。对于李禾禾的教育，他妈妈秦小梅女士认为父母的身教对于孩子的教育特别有帮助。

　　秦小梅通过这样两件事情来证明孩子受父母的影响之深已经达到了惊人的地步。有一次，秦女士的一位朋友遭受了非常重大的挫折，打电话过来向自己寻求帮助。听到朋友在电话的另一头哭泣，秦女士就安慰她道："不要哭了，擦干眼泪，总是能够想到办法解决问题的。"当时，李禾禾在旁边听到了母亲的这一席话。

几天之后，李禾禾在幼儿园的老师打来电话对秦女士说："你家禾禾真是一个好孩子。每次有小朋友哭闹着要回家的时候，禾禾就会主动上前劝那个小朋友，还安慰道，不要哭了，星期六马上就到了，你马上就能回家看到爸爸妈妈了。他一边劝小朋友，还一边帮他擦干眼泪。"秦女士一听就反应过来是自己劝朋友的情景深深地印在了李禾禾心中。秦女士也特别为儿子感到骄傲。

还有一次，秦女士带着儿子去商场买东西，在回来的路上将一袋衣服落在了一家服装店里，店员发现后急匆匆地将衣服送回给了秦女士，秦女士对那个店员连声多次说着"谢谢"。第二天的时候，秦女士在给儿子顺手递东西的时候，年幼的禾禾竟然对她说了声："谢谢妈妈！"

经过这两件事情，秦女士深深地体会到，父母的言行对孩子有很大的影响。秦女士认为：孩子学习新知识的能力特别强，父母千万不能低估自己的影响力，要特别注意"身教"的作用。所以，父母首先要改掉自己的坏脾气，只有父母"行得正，坐得端"，孩子才能拥有一个完美的性格。

父母的性格对于孩子的性格发展发挥着重要的影响力。父母能够从孩子身上找到自己的缩影。如果母亲喜欢化妆打扮，虚荣心较强，那么养出来的孩子也会喜欢梳妆打扮，虚荣心很强；如果父亲举止粗鲁，不拘礼节，那么儿子就会变得油嘴滑舌，出口成"脏"。所以，父母首先要改掉自己的坏脾气才能够培养出优良品格的孩子。父母不仅要用自身的正能量去影响孩子，要以自己良好的性格和品质去感染、影响孩子，还应该对自己的坏脾气加以控制和改正，不能让孩子受到自己坏脾气、坏习惯的影响。

父母的坏脾气对孩子的影响除了上述的几点外，以下几方面也会影响孩子的健康成长：

（一）容易使孩子心理状况受到波及

父母心情好时，就对孩子百般关爱，关怀备至；心情不好时就对孩子

大呼小叫，冷若冰霜，动辄训斥大吼大叫，往孩子身上撒气。这种由着自己心情而对孩子忽冷忽热的做法对孩子的身心健康极为不利。有的父母动不动就发小脾气，使性子，甚至是和别人吵架，这些场景都会对孩子的成长产生负面的影响，而且还会使孩子的性格变得急躁，易怒。还有，父母如果在困难面前胆小怯懦，那么孩子看到之后也会受到影响，不容易形成坚强的性格。

孩子的心理很容易受外界因素的干扰而发生变化。父母心情的不断变化，对待孩子的态度也随心情而变幻莫测，这样时间长了，就会使得孩子的心理状态不稳定。一旦孩子心理状态不稳定，也会变得喜怒不定，甚至还非常容易走向极端。如此一来，孩子就会形成一个不好的性格。

（二）容易使孩子优柔寡断

孩子处于一个不能自己判断好坏的阶段，父母对孩子的管教态度和教育方法会直接影响到孩子的判断。如果孩子没有做错什么事情，父母却对其大加责骂、呵斥，那就会让孩子产生一种自己做错了的错觉，之后即使是对的事情，孩子为了避免父母的吼叫和责骂则会选择不做。而且父母脾气的反复无常也会给孩子造成很大的困扰，有时甚至会令孩子觉得莫名其妙。如果父母再百般挑剔，更会让无辜的孩子感到万般委屈，在他们面前无所适从。长此以往，孩子会因为害怕做得不对引发父母的斥责，而在言行上变得优柔寡断，遇事六神无主。

（三）容易造成孩子对成人世界的错误认识

父母对孩子时好时坏、忽冷忽热会使孩子认为大人们都是情绪古怪、难以捉摸、不可信任的，进而会产生大人都是古怪的、不值得尊敬的观念，从而使孩子渐渐疏远父母及他人，也会慢慢地发展成看不起周围成年人的错误心态，这样容易使孩子养成孤僻、清高的性格。荷兰心理协会工作人员经过调查研究，发现父母对孩子的管教态度和教育方法不同，会直接影响到孩子的性格特征和心理品质。

父母如果对孩子过分地照顾和保护，不敢放手让孩子独立活动，那孩子就会产生外面的世界很危险，所以父母才不让自己出去玩的观念。父母这样的行为会使孩子变得消极怕事、依赖别人、缺乏独立自主的能力、忍耐力不够，并且不能适应集体生活；如果父母对孩子不管不顾，十分冷淡，那么孩子就会变得性格冷淡，没有热情，甚至形成压抑、古怪的性格。由此可以看出，父母对孩子过于迁就或者严厉，都会造成孩子的性格扭曲甚至会使孩子误入歧途。

所以，要改掉孩子的坏脾气，父母必须先反省自己对待孩子的态度以及教育方式。身为父母，不管自己的心情好坏、工作忙碌与否，都要耐心地对待孩子。而父母对待孩子的态度应该是宠而不娇、严格却又民主的，这样孩子才能养成一个好的性格，比如热情、直率、活泼、独立、大胆、自信等等。而且父母对孩子有一个良好的态度，还会使孩子感觉到父母对自己的关心爱护之情。这样，孩子才会有一种稳定而踏实的感觉，并且对好脾气的培养也是一个帮助。

本节家教智慧

一个人最早接触到的教育者就是自己的父母，可以说，父母就是一个雕塑者，孩子将来的性格怎么样完全掌控在父母手中。父母想要孩子拥有一个好的性格，自己就必须给孩子营造一个好的家庭环境，自己对待孩子的态度也要积极乐观。父母应该明白，孩子不听话乱发脾气，是很正常的事情，也是不可避免的，但是父母在孩子做错事情时绝对不能经常对孩子发脾气，大吼大叫。如果孩子从小生活在大吼大叫、吵吵闹闹的环境下，那么一定会对他的学习能力、社交能力产生很大的负面影响。

7

父母错误教育，孩子的脾气不会好

　　孩子在认识世界、认识社会的过程中难免会犯一些错误，但是只要父母给予正确的指导，就可以规避很多的错误，也可以避免孩子再犯同样的错误。然而现实生活中，父母对孩子的教育方式往往极端化，不但不能行之有效地解决问题，还会使孩子在受教育的过程中滋生很多的错误和毛病。

　　而现实生活中，许多父母在对待孩子错误的时候，往往会因为孩子不懂事就想当然地独断专行、自以为是，不考虑孩子的感受。而且，对于孩子的错误，父母往往会选择惩罚的方式来迫使孩子改正。父母认为自己惩罚孩子是为了让孩子意识到不好的行为会带来不好的后果，而良好的行为会带来奖励。还有的父母在教育孩子时，因为感受到来自孩子的压力，常常会很窘迫，为了摆脱这种尴尬的情境反而会对孩子进行惩罚。殊不知，这种惩罚所带来的不健康情绪会让孩子的心灵深受伤害。所以，父母在孩子的教育问题上，一定要注意采用一个正确有效的方法，错误的教育方法和方式会让孩子受到不好的影响。

　　读小学五年级的张佳亮，平时比较容易冲动，做事不考虑后果。有一天，在放学路上，因为一件小事他就和同学吵起来了，盛怒之下的张佳亮抄起一块砖头朝同学的头上砸去，结果同学被打得头破血流。其他同学看到了，赶紧将这位受伤的同学送到医院。而张佳亮却像没事人一样，背起书包就往家走。当天晚上，这位受伤同学的父母找到了张佳亮的爸爸。爸爸知道这件事情之后，赶紧买了水果到医院去看受伤的同学，还垫付了医药费。

从医院回来后，爸爸怒气冲冲地把张佳亮从房间里叫出来，想到他已经不止一次将同学打伤，随即大声骂道："你这小子真是了不得了，好的不学，你学打人！老子在外面辛辛苦苦地赚钱养活你，供你上学，是想让你在学校学点知识，懂得事理，你倒好，就知道打架斗殴！从今天到后天，你都别想吃饭了，叫你横！"第二天张佳亮饿着肚子去学校。没到下午，他就饿得头昏眼花，实在熬不住了，于是他就到学校小卖部偷了一包方便面，结果被店员抓住了。

张佳亮的父母没有采用正确的教育方式来引导孩子，导致张佳亮犯下一连串的错误。人的行为是受思想支配的，孩子犯了错误，父母应该先从思想上让孩子意识到自己的错误，然后再采用正确的方法来引导孩子改正错误。如果不问三七二十一，看到孩子犯错就惩罚，那么不仅不能达到教育孩子、改正错误的目的，反而会让孩子心生厌烦，并且受父母影响还会养成错误的为人处世态度。

因此，父母在教育子女时，一定要有坚决的态度，不能因为孩子的哭闹求情就轻易屈服。因此也更加断定，父母没有坚决的态度，想要纠正孩子的错误，显然是不切实际的。而且，不正确的教育方法只能导致错误的结果，现实中有很多父母正是用着这些错误方法来教育孩子的。这里列举几个常见的错误的教育方法。

（一）用物质诱惑让孩子改正缺点

生活中，有很多人信奉金钱万能的观念，所以有些父母在教育孩子的时候也举起了利益诱惑的大旗，用钱、食物或者是买孩子想要的东西作为奖励来让孩子改正错误。虽然这种方法有一定的效果，但是却治标不治本，一旦少了这种诱惑刺激，很难想象孩子是否还会按父母的要求坚持下

去。与此同时，如果父母经常采用这种诱惑的方式来教育孩子，虽然本意是为了让孩子养成更好的习惯和性格，但是却很容易使孩子信奉拜金主义，导致孩子形成不正常的金钱观。

孩子如果有粗心大意的缺点，学习上也是马马虎虎，那么父母就应该通过训练孩子认真细心的方式来矫正孩子的缺点；如果孩子懒惰不愿意学习或运动，那么父母就应该让孩子体验到学习和运动带来的乐趣，比如说和孩子一起进行一场比赛等等。在这些情况下，父母如果事事都用物质诱惑来使孩子改正缺点，那么孩子最终就有可能养成为了获得各种诱惑背后的利益而去做事的坏习惯。

（二）出尔反尔的教育方式

父母做了决定要让孩子做什么事情或者要让孩子受到什么惩罚时，最好不要出尔反尔。特别是当孩子在父母面前撒娇、打滚或者哭闹喊叫时，父母不能由于心软或烦躁就向孩子投降，改变决定。要知道，孩子最会察言观色，父母向孩子屈服几次之后，孩子就会产生错觉，认为一旦遇到自己不愿意做的事情，只要通过哭闹喊叫就能得偿所愿。这会导致孩子在今后遇到不愿或者不喜欢做的事情时，就会使出杀手锏——撒娇或者哭闹，不达目的誓不罢休。

一般说来，如果父母言出必行，那么孩子在父母的熏陶下就会变成一个诚实守信的人。而如果父母由于种种原因而对孩子出尔反尔，失信于孩子；孩子会因为父母的反复、不守信用，渐渐变得不再信任父母，对父母说的话也会抱以怀疑的态度，不相信父母的承诺，最后就会演变成不再信守自己对父母的承诺，如此发展下去，父母就会对孩子失去信心。这种恶性循环，会造成父母和孩子对彼此失望，父母与孩子之间的隔膜和冲突也会不断发生，最后父母会在孩子面前失去威信，而孩子也会变得谎话连篇、不守信用。

（三）过度保护的教育方式

在国家政策的影响下，现在大多家庭都只有一个小孩，于是父母就会有把所有的关爱都倾注到唯一的孩子身上。这样一来，父母就会对孩子过度保护，父母总希望可以为孩子做很多，也总是希望自己可以对孩子的保护可以更加周到，唯恐孩子受丁点委屈。但是，殊不知，过度保护会给孩子的成长带来很多不好的影响。

家庭是孩子的避风港，父母是孩子的监护人，适度保护孩子是父母的职责所在，但是过度保护的话，就会令孩子变得过分依赖别人，同时也会变成一个怯懦胆小、不能经受挫折、害怕失败的人。而且，父母对孩子保护过度，还会产生负面效果，比如过度保护产生抑制作用就会伤害孩子的自信心和自尊心，还会使孩子丧失在这个社会中生存的基本能力；父母什么事情都帮孩子解决，就等同于阻止孩子获得基本的生存能力和承受失败和挫折的能力。其实，父母应该教会孩子如何面对失败、发泄负面情绪。如果父母总是一味地保护孩子免受失败和挫折的侵扰，反而会阻碍孩子的正常成长和培养挑战生活的能力。正确的做法应该是父母陪在孩子身边，和他们一起经受失败的打击，并且鼓励孩子从失败的打击中站起来。只有当孩子尽了最大的努力，仍然不能从失败中站起来时，父母才需要干预介入。因为孩子只有自己亲身经历了失败，才能自己悟出教训，得到成长。

除此之外，父母对孩子的过度保护，也会剥夺孩子自由发展的权利。父母放手让孩子成长，孩子就可以在独立的生活中锻炼自己的生存能力，进而使自己获得更好的发展。父母对孩子太过于保护，孩子就会失去培养各种能力的机会，已经掌握的能力也会因为长久不用而渐渐下降。要明白父母能保护孩子一时，却不能保护孩子一世。若没有了父母这把"保护伞"，孩子又由于父母过于保护而没有掌握生存必备的能力，那么等待孩子的只有艰难的岁月。而且孩子不一定喜欢父母对自己的生活有太多的干

预，父母强行保护孩子会造成孩子的反感。所以，父母不需要替孩子做太多的事情，从孩子的将来考量，只要是孩子自己能够做的事情，父母们就一定不要强加干涉，即使孩子事情做得不好，父母也不能阻止，要让孩子继续做下去，孩子才能成长起来。

本节家教智慧

　　正确的教育方法与方式，会让孩子比同龄人走得更快、更好。这就是说，成人的价值观、人生观用什么方式和途径传递给孩子是父母最需要考虑的，父母要避免采用极端的打骂、剥夺孩子权利、矫枉过正的方法来纠正孩子的错误。作为父母，教育孩子的最终目的是让孩子学到好的东西，改正错误。但任何蛮横无理、错误的教育方法都达不到这种目的。所以，要让孩子有一个好性格、好脾气，父母就要避免使用这些不好的教育方法，要用正确的方法把孩子引向正确的道路。

8

孩子的暴脾气都是父母骂出来的

在孩子的教育问题上，有些父母总是用十全十美的标准来要求孩子，希望自己的孩子可以成龙成凤。于是，孩子一有不对的地方，他们就责备孩子辜负了自己的期望，仿佛孩子就应该完美无缺一般。

父母的责备不仅会引起孩子的逆反心理，还会让孩子养成不好的脾气。父母经常责备批评孩子，孩子就会产生"抗药性"，父母刚开始的责备还会听，慢慢地孩子就不会把父母的批评责备当一回事，有时还会和父母顶嘴，不把父母看在眼里。也有可能走向另一个极端，那就是自卑。孩子会因为父母骂得多了而在潜意识中就认为自己一无是处，满是缺点，总是惹人讨厌，从而放弃自己，破罐子破摔，不求上进。所以，父母在孩子做错事情时，不选择帮助孩子纠正错误反而一味地责骂，就会伤及孩子的自尊心，这对于孩子的健康成长非常不利。

一天，妈妈的朋友上门来拜访，妈妈就让十岁的慧慧给客人拿水果吃。慧慧由于心急想和小伙伴们玩耍，就匆忙地跑到厨房，可是出来的时候一不小心把水果撒了一地。妈妈觉得没面子，就当着朋友的面骂慧慧："你看你都多大了，怎么连个水果盘都拿不好啊？"

慧慧脸色通红，感觉十分羞愧，就低下了头，眼里蓄满了泪水。妈妈看到了接着说："你还哭，这么大了妈妈骂两句都会哭。"朋友看到了就忍不住劝道："孩子还小，没什么关系的！"

可是妈妈却说："还小？都十岁了！这么大的孩子就知道玩，都不知

道将来会有多懒！真是没看过这样的小孩！"

听到妈妈这样的评价，慧慧更觉得无地自容，感觉一点面子都没有，就冲妈妈喊道："就你聪明！你这么聪明的人不也生了我这么笨的女儿吗？"说完，就气冲冲地摔门跑出去了。

美国教育学家斯特娜夫人曾经讲过这样的话："在他人面前揭露孩子的短处，不配做人父母。"虽然这句话说得有点严重，可是却也反映了在外人面前批评孩子，会使得他们感到羞愧，自尊心、自信心受到损伤。所以批评孩子的时候要找准时机，不仅要注意场合更要注意分寸。前苏联教育学家马卡连柯曾经说过："批评不仅仅是一种手段，更应该是一种艺术，一种智慧。"孩子有错误，父母应该给予教育引导，适当的批评也可以起到警示的作用，但是如果不注意分寸，就很有可能引起孩子的反感。而且，父母经常责骂孩子不仅会让孩子脾气变坏，还会造成一些其他方面的影响：

（一）会造成亲子隔阂

没有一个孩子被爸爸妈妈责骂之后，心里会舒坦的。并且，被父母责骂，孩子心中会产生畏惧、逆反的心理。经常挨打挨骂的孩子会变得脾气暴躁，心惊胆战，会对父母产生不满情绪，也会因为畏惧父母的责骂而尽量避免与父母待在同一个地方。父母是孩子最亲近的人，如果父母动辄打骂，那留给孩子的将是一些灰色的记忆，这样就会使孩子与父母渐行渐远。如此，也会造成孩子与父母的感情转淡。

同时，父母的打骂也会将孩子对他们的依赖打散。本来，孩子在学校发生了什么事情，心中有什么秘密都会和父母分享，可如果父母平时动不动就打骂孩子，那么孩子就会因为害怕或者是厌烦而选择对父母闭口不谈。这样，父母就少了了解孩子的重要途径，那么在与孩子的相处上就会变得更加艰难。而且，父母的打骂，会令孩子与父母之间的亲情日益淡漠，隔阂越来越深，严重的还会出现孩子报复父母的情况。

（二）孩子会学到错误的解决问题的方法

父母打骂孩子绝对不是好的教育方法，反而会让孩子的性格压抑。而且孩子一做错事情，父母就打骂，会给孩子造成一种错觉，认为暴力可以解决一切问题，弱者就一定要服从强者。耳濡目染之下，孩子就学会了父母这套解决问题的方法，学会"以暴制暴"，还有可能一不顺心就打人骂人，实施暴力行为；孩子在家做错了事情，父母动辄打骂，为了发泄怒火，孩子就有可能到外面去打其他人，尤其是比他小的、打不过他的孩子。父母经常骂孩子，实际上就给孩子树立了一个别人做错事就要骂的坏榜样。这样等到孩子长大之后，就很可能崇尚武力，习惯以武力解决一切问题，在人际关系上，稍有不顺就打骂其他人，这样一来必然不会有良好的人际关系，孩子的交际圈也会受到波及。人们都说"物以类聚，人以群分"，孩子喜欢打骂别人，那么他结交的朋友也一定如此，在这样的恶性循环下，孩子不变坏也难。

（三）造成孩子的人格畸形

由于孩子的身心发展水平较低，认知能力、思维水平、自我控制能力和辨识好坏的能力都比较差，所以孩子犯一些错误是难免的。如果父母对孩子要求过高，孩子一做错事就大声吼叫，肆意谩骂，将会给孩子的心理和人格造成很大的影响。心理学针对父母与孩子相处时的态度给孩子的影响作了这样的描述：父母如果对孩子态度粗暴动不动就骂孩子，那么，会使本来性格就很倔强的孩子产生抵抗意识和抵触情绪，慢慢地就会转变得性情暴躁、行为粗野，甚至形成攻击型人格。这种人格的人会有对他人施暴的倾向，也难以和他人建立起良好的人际关系；而如果孩子性格比较怯懦的话，就会对父母产生畏惧心理，在大脑中形成软弱的顺从意识，进而

形成胆小怕事、懦弱的性格等等。所以，父母对孩子大吼大叫，动辄打骂会对孩子的整个人生产生负面影响。

望子成龙、望女成凤的心理是每一位父母都会有的，但是期望通过吼叫、打骂来教育孩子的做法，肯定是大错特错的。大吼大叫，只会让孩子产生种种不良的心态，心理上也会有所偏差，绝对不可能达到有效教育孩子的目的。因此，为了孩子能够健康成长，养成一个良好的性格，父母绝对不能随意打骂孩子。

本节家教智慧

　　古人信奉棍棒下出孝子，但是从教育的真正意义来说，打骂是不能够使孩子成才的。棍棒威吓虽然能起到一定作用，但这种作用只是暂时的，绝不会长久。而且，对孩子打骂、吼叫也是侵犯他们的正当权利，会使孩子的自尊、自信受到打击。其实，不吼不叫、不打不骂才能教育出优秀的孩子。所以，每一个父母都应该尊从不打骂孩子的教育理念，将孩子放在与自己一样的位置上，尊重孩子，把孩子当作朋友，孩子才能拥有一个好性格，成才之路才能越走越宽。

第二章

你和孩子没办法沟通都是你吼出来的

——和孩子建立正常的沟通模式不能吼不能叫

　　《健康报》的一则心理调查表明，父母越是对孩子大吼大叫，孩子越是不当回事，有时还容易引起孩子的反感，导致亲子关系恶化。儿童教育专家也呼吁，要想和孩子保持良好的亲子关系，既不能吼也不能叫，而要与孩子建立正常的沟通模式，就要把孩子当成自己的朋友，尊重他，重视孩子的每一句话，带着诚意和他沟通，让孩子信任你，这样才能够让孩子对你卸下防备，敞开心扉，让亲子关系健康发展。另外，学会换位思考，站在孩子的角度想问题，也是为人父母所应该做的。因为只有站在孩子的立场上，才能充分体会孩子的苦衷，才能了解孩子的内心，让孩子更加亲近你，让你们的沟通得以充分发展。

不要把你的孩子当成你的下属

大部分父母在教育孩子的时候都会大吼大叫，他们认为只有大吼大叫孩子才会记住他们的教诲，以后才不会犯同样的错误。但是大吼大叫的教育方式不仅会给孩子留下心理阴影，还会严重挫伤他们的自尊心，甚至会形成父母和孩子之间的沟通障碍，对孩子的成长产生不利影响。

很多父母在对待孩子犯错的问题上，都会无意识地对孩子大吼大叫，特别是年轻的父母，因为自己也是刚从孩子变成父母，不懂得怎样与孩子沟通，就容易对孩子大吼大叫。心理学家认为，孩子在年幼时期，受外界的影响较大，父母怎样做，他们就会依葫芦画瓢，照样做去。而且，孩子在成长时期，受到的教育特别重要，这会对他们的将来产生重大影响。

交流决定方向，沟通成就未来。如何与孩子建立正常的沟通模式是父母的头等大事。

不要把孩子当成你的下属，这是每个父母都应该做到的，这样孩子才能信服你。俗话说："势服人，心不然；理服人，方无言。"父母只有在"理"上让人信服，孩子才会从心底里服从。孩子是敏感的动物，父母的一言一行都对他们有着深刻的影响。而且，自尊心在人们很小的时候就已经形成，如果父母把孩子当成下属，对孩子大吼大叫，孩子的自尊心就会严重受挫，会产生面服心不服的现象。

大卫有两个孩子，一个3岁，一个6岁。有一天，他非常用心地教6岁儿子温克怎样使用割草机。当他已经教完温克时，正巧在屋子里打扫卫生的妻子出来找他，说有人打电话给他，他看了看还坐在割草机上的儿子，叮嘱他不能乱动，等他回来，说完就进屋接电话去了。可是温克不小心触动了割草机的开关，割草机突然运作起来，朝着院子里的那片花圃驶去，温克慌了，不记得怎样关掉开关，吓得一动不动，一眨眼的功夫，那片漂亮的花圃便被夷为平地。等大卫接完电话出来，看到这一幕真是气极了，那可是他花费了近一年的时间精心照料的花圃，就这样没了。他一把把儿子从割草机上拉下来，对着儿子大吼大叫，温克在旁边不停地掉眼泪，任凭父亲责骂。妻子听到大卫的吼叫后，赶紧跑了过来，抱起温克，并对大卫说："亲爱的，请记住，我们的孩子不是你的下属，你不能因为他们的无心之失就随意责骂。"然后温柔地安慰儿子，把他抱回屋子里，细声地询问儿子的心情状态。没过多久，温克就又和 3 岁的弟弟玩得不亦乐乎，把刚才的事情忘得一干二净。

由此可见，作为父母，更应该懂得，孩子的自尊心比他所犯的错更重要。父母重视孩子的自尊心，孩子才会更亲近父母。错误已经犯了，也无法挽回了，这时，父母不应该对孩子大吼大叫，更不要去伤害孩子幼小的心灵。否则，将对他们以后的生活造成阴影，更加影响父母和孩子之间的沟通交流。

心理学家认为，父母对孩子早期成长有着重要的影响，父母的一言一行对孩子的未来发展起着关键作用。所以父母在和孩子沟通交流时应当注意以下几点：

第一，不要对孩子用命令的口吻。人们常常可以看到，父母在工作中受了委屈就喜欢对着孩子撒气，一不如意就喜欢命令孩子。其实，这样做很容易引起孩子的反感，进而加剧父母和孩子之间的矛盾。原本孩子就不是父母的下属，不能随便苛责，否则对他们的身心发展是很不利的。如果父母经常对孩子以命令的口吻讲话，会造成孩子对父母的恐惧，有什么心事自然也不敢和父母交流，导致亲子关系出现裂痕。

第二，和孩子相处要顺着他。孩子有的时候会无缘无故地乱发脾气，这并不意味着他们真的生气了，可能是父母的某种行为刺激了他，引起了他的不满，所以才通过这种方式引起父母的关注。这个时候，父母要做的就是尽量顺着他，让他得到他想要的，做他想做的事，这并不意味着一味溺爱。任何事物都要有个度，孩子提的是合理的要求，父母就应该尽可能地满足他，如果是不合理的要求就要与他积极沟通，让他理解父母的苦衷，妥善地处理问题，维系亲子关系的良好发展。

第三，要懂得如何欣赏孩子。父母如果总爱把孩子当成自己的下属，和更优秀的同龄人进行比较，这也会引起孩子们的反感，造成沟通不畅。生活中，父母的一个动作、一个眼神都会给孩子造成重大影响。因此，父母应当学会多夸奖孩子，更要懂得在同龄人中欣赏自家孩子的优点，在孩子犯错的时候鼓励孩子上进，在孩子骄傲自满的时候提醒孩子谦虚。

第四，要充分尊重孩子。孩子也有属于自己的生活空间，他们有他们的想法，做父母的不能每次都根据自己的意愿来要求孩子，父母应该将心比心，充分理解和尊重孩子的想法，这样才能更好地与孩子进行沟通交流。

本节家教智慧

父母在工作中遇到不顺心的事容易把坏情绪带回家中，然后施加在孩子身上。其实，身为父母要明白孩子不是你的下属，不能随意训斥打骂孩子，要学会合理地控制自己的情绪。父母要时刻站在孩子的角度上充分尊重孩子，理解孩子，这样才能促进亲子关系的长久发展。

对孩子吼叫，他们是不会把你当朋友的

美国著名教育学专家厄尔基内·晋罗文泽教授认为，孩子天生就比大人更易受外界因素的影响，对外界的变化有着极其迅速的反应力。父母对孩子大吼大叫易引起孩子的反感，孩子自然就不会把父母当朋友了。而生活中，很多父母都会抱怨孩子不理解自己的良苦用心，不和他们沟通交流，还经常逆着孩子的心理妄加"教育"，是多数父母普遍存在的问题。这是因为，在父母心里，那些都是孩子的过错，而从没有进行自我反省。

父母在和孩子沟通的过程中，总是喜欢把自己的意愿强加给孩子。不管孩子能否接受，父母总是抱着"望子成龙，望女成凤"的心态来评判孩子的对与错，这样孩子遇到事情自然不会与父母交流，更不会把父母当成朋友了。事实上，孩子的心是极其脆弱和敏感的，一点风吹草动都容易引起他们的恐慌。因此父母在和孩子交流的过程中要切记不能大吼大叫，要站在孩子的角度为他们考虑。只有这样父母才能充分理解孩子，以便更好地交流。

尊重是人们交往的前提，如果人们无法相互尊重，又何来关系友好一说。孩子也和大人一样，希望自己的想法能被理解，得到尊重。可是，大部分的父母都喜欢用命令的口吻和孩子说话，这也是孩子不跟他们谈心的原因。并且，大吼大叫的教育方式易使孩子对父母产生畏惧心理，给他们带来心理阴影。如果无论孩子遇到什么事情父母都喜欢大吼大叫的话，久而久之孩子就不会把他们当朋友，沟通交流也就越来越难。而当亲子关系出了问题，父母先想到的却是孩子不懂得父母的好，而不是自我反省。教

育专家认为，想要让亲子关系融洽，必须靠双方的共同努力，而父母起决定性作用。也就是说，父母是孩子成长的老师，在孩子的成长过程中扮演重要角色，对孩子的心理、生理的健康发展起着关键性作用。

德国柏林市心理研究中心有项调查显示，超过70%的父母在和孩子沟通中存在着烦恼和困惑。这更加说明孩子在成长过程中受父母的影响深刻，父母一句简单的话语，一个不经意的眼神，一个细微的动作，都会给孩子幼小的心灵带来重大影响。中国著名教育专家孙晓云给出了消除父母与孩子沟通障碍的有效方法，他认为，父母与孩子相处最好的方式就是和孩子做朋友，只有把孩子当作自己的朋友认真对待，才能有效促进亲子关系的和谐发展。

小曼妮今年5岁，妈妈把她送到幼儿园门口的时候突然大哭不止，不让妈妈离开。最后在老师强行抱开之后，才走进幼儿园的大门。但是到了幼儿园后，小曼妮还是一直哭个不停，也不和其他小朋友玩，老师实在是没有办法，就打电话通知了曼妮妈妈，让她把曼妮带回去好好开导一下。而妈妈很是困惑，因为在她眼里，曼妮一直是个活泼开朗的孩子，懂事有礼貌，见到不认识的叔叔阿姨都会热情地打招呼，怎么一到幼儿园就变得沉默寡言，也不爱笑了呢？妈妈生气地去幼儿园把曼妮接回了家，看着不住哭泣的女儿妈妈的心情烦躁不已，就忍不住吼了两声，没想到小曼妮哭得更凶了，还跑回房间把自己关起来。妈妈非常无奈："不就是说了她两句，还不理人了。"渐渐地曼妮的哭声停止了，可是还是不愿意出来跟妈妈说话。妈妈觉得自己也有不对的地方，打算向女儿道个歉。刚走到门口，就听到女儿跟小兔子娃娃说话："小兔子姐姐，妈妈是坏人，她今天还骂我。她都不知道我今天在幼儿园看到她走的时候有多么难过，我不想离开妈妈，可是妈妈要我去学校上学，我不想上学，我想和妈妈在一起，幼儿园那么多小朋友，可是他们都不跟我玩，说我是爱哭鬼。"小兔子娃娃当然不会回答她，可一会儿又听到她说："我不喜欢妈妈了，妈妈不爱我了，她要把我送到别的地方去。小兔子姐姐，妈妈今天还对我吼，我害怕极了，你说妈妈是不是不要我了？！"妈妈听到曼妮的一番话后，才明白女儿的内心想法，顿时感慨颇深。她转身回到厨房，做了曼妮最爱的小熊饼干，敲开了女儿的房门，看到女儿泪痕斑斑的脸蛋，心疼不已，她把女儿搂进怀抱，然后语重心长地对女儿说："妈妈最爱曼妮了，怎么会不要你呢？妈妈把你送到幼儿园，是因为妈妈觉得小曼妮要长大了，要跟更多的小朋友一起玩，要学习更多的知识，然后保护妈妈，帮助妈妈分担家务。刚刚是妈妈错了，妈妈不该对曼妮吼叫的，妈妈向你道歉。"小曼妮闻言立刻破涕为笑，跟妈妈的感情更亲近了："长大之后我要保护妈妈，我去幼儿园学习。"小曼妮又变成了乐观开朗的孩子，在幼儿园与老师和同学相处得越来越愉快，妈妈非常欣慰。

由此可见，在孩子心情不好的时候，做父母的不能不问缘由地指责他们，而应当积极和孩子沟通交流，把孩子当成自己的朋友，难过的时候安慰他、鼓励他；做错事的时候，细心地帮他分析，告诉他这样做的后果，让他自己选择对错。同时，父母还要赋予孩子足够的自主权，让他有权决定自己的事情。把孩子当成自己的朋友，以平等的身份对待，再进行沟通。而不能无缘无故地批评他们，这样容易导致孩子对父母产生误解的心理。

从上面例子还可以看出，孩子对外界的事物变化反应极其敏感，稍有一点问题，就会对父母的话产生误解，如果没有及时沟通解决，亲子关系就得不到改善。因此，父母在和孩子的沟通过程中，必须掌握以下几点：

（一）要充分理解孩子的行为

孩子在遇到不开心的事情时，很容易引发坏脾气，对父母的话充耳不闻。这时父母往往是最生气的时候，他们很容易动怒，对孩子大吼大叫，这会给他们幼小的心灵留下阴影。正确有效的做法是，父母要站在

孩子的角度去思考，充分理解他们的行为方式，与他们积极沟通，了解他们哭闹的缘由，然后再一起解决。

（二）要走进孩子的内心世界

父母在教育孩子时很容易误会孩子，没有用心去体会孩子，走进孩子的内心世界。当孩子有了叛逆行为时，很多父母都会以表面现象去评判孩子，甚至大吼大叫，这会给孩子带来严重的心理阴影。以后再遇到事情他们当然不会和父母说，因为父母没有以平等的身份去对待他们，把他们当成朋友。所以，要想与孩子进行良好的沟通，父母所要做的就是以朋友的身份去打开孩子的心扉，走进他们的内心世界。比如，可以和孩子看同一部电影、玩同一个游戏，再一起讨论其中的乐趣，借此来了解孩子的价值观、人生观和世界观，和孩子零距离接触，从而建立起孩子和父母之间沟通的桥梁。

（三）要和孩子进行平等的交流

"你们剥夺了我的自由，我恨你们。"这是父母在和孩子沟通失败后，孩子可能会对父母说的话。对此，父母常常很难以理解，他们认为自己给孩子的就是最好的，从来没想过孩子不喜欢这样。其实，父母应当和孩子坐下来，像朋友一样，平等地交流，根据孩子的心理特点，从行为和心理上进行引导，采用平等交谈的方式，让孩子把心中的烦恼说出来，父母再根据亲身经历去引导他，让他选择正确的处理方式，走出心理困境。

本 节 家 教 智 慧

　　每个孩子都希望能得到父母的重视，能尊重他们的内心，和他们平等对话。特别是刚进入学堂的孩子，成长的道路上会遇到许多烦恼，这都需要父母及时地对其进行正确的引导，如果处理不好会严重影响孩子的身心健康，甚至会影响孩子和父母之间关系的发展。这个时候，父母不仅要扮演好父母的角色，也要充当好朋友的角色，带领孩子走出困境，促进亲子关系的和谐发展。

3

和孩子沟通时，别忘带着诚意

　　每个孩子内心都有一个自己想象的世界，他们渴望自己可以像大人那样随心所欲地做自己的事，不用被父母管教，以自己喜欢的方式来生活。对于他们来说，未来的生活是如此的陌生与新奇，在他们成长过程中对这个世界充满了好奇，他们既兴奋又迷茫。因此，父母在这个时候成了他们最依赖的人，读懂孩子内心的渴望，与他们进行真诚的沟通，是父母要做的头等大事。

　　孩子在成长过程中会遇到各种各样的问题，这都需要父母认真地引导，积极地沟通，平静地指正，带着诚意去和孩子交谈，才能让孩子理解父母的良苦用心，进一步改善和孩子之间的关系。我国儿童心理学家茅于燕说过："孩子的语言、概念、思想方式等都是以父母为中心的，都是从与父母的互动中一点一滴汇聚形成的。"可见，父母的言行举止会对孩子的健康成长产生重要影响，父母的一言一行都是孩子学习、模仿的榜样。因此，做父母的必须带着诚意和孩子交谈，让孩子感受到父母的真诚，唯有这样孩子才能说出自己的真实想法，才能有效缓解紧张的亲子关系。

　　而生活中，父母在和孩子沟通的过程中，很容易犯只顾自己的意愿，忽视孩子的感受的错误，这样就成了单方面的沟通，孩子感受不到父母的诚意，这样就容易形成逆反心理。《新华日报》发布了一则消息表明，大约有 57% 的孩子都认为父母不理解他们，父母都是自顾自地安排好他们的生活，从来不和他们商量。这充分说明，沟通已成为孩子和父母之间的一道鸿沟。有些父母虽然和孩子进行了沟通，但他们都是站在自己的角度来考虑问题，从来没有考虑过孩子的感受，孩子也没有感受到父母的诚意，沟通自然失败。或者是在和孩子沟通的时候，父母总是以自我为中心，没有设身处地地为孩子考虑，也没有带着诚意和他们沟通。当孩子提出反对意见的时候，父母更容易站在自己的角度上思考，对孩子大吼大叫，孩子自然无法和他们交谈。

瑞希是个听话懂事的孩子，学习成绩一直在班上名列前茅，可是最近这段时间不知怎么回事，学习成绩一路下滑，爸爸妈妈不得不重视起来，他们甚至还专门召开了一场亲子座谈会来讨论原因，而瑞希只是作为观众列席了这次讨论。座谈会上父母你一言我一语地讨论着瑞希成绩下滑的缘由，从和同学吵架到看电视太多，从睡眠不足到早恋等等，各种理由应有尽有，种种猜测令瑞希难过不已，最后还审问瑞希到底是哪一个原因，瑞希什么话也没说，转身进了自己的房间，关上门，任由父母在门外大吼大叫。

不久，瑞希的班主任主动给瑞希父母打了电话，请他们到办公室详谈。原来，老师给学生布置了一篇作文，题目叫做《我的爸爸妈妈》，瑞希在作文里描述的爸爸妈妈和其他学生描述的不一样。班主任把瑞希的作文给瑞希父母看，瑞希在文章里写道："我很感激我的爸爸妈妈，他们对我生活的关心无微不至，养育我长这么大。但是我真正想要的，想做的他们都不知道，他们也不想了解，也不感兴趣。虽然他们也经常和我沟通交流，会问我生活中遇到什么问题，也会问我喜欢什么，但通常都是没等我回答，他们就已经有了自己的答案。就像这次学习成绩下降一样，他们虽然也和我进行了交流，问了我原因，但我还没有回答，他们就给我定好了结论。我知道父母都是望子成龙，望女成凤，他们希望我好好学习，不要被别的东西牵绊住。但是我需要的是平等的交流，真诚的沟通，我不想自己只是个听众，他们说什么就是什么，在家里根本就没有我说话的权利，又何来沟通一说……"

故事中瑞希父母就是典型的不带着诚意和孩子沟通的父母，他们虽然什么事情都和瑞希进行沟通，但是却忽视了瑞希的话语权，虽然他们也会询问她喜欢什么，想要什么，但却没有给她决定的权利，就连讨论和她有关的事情，也是在得出结论之后再询问她。这样的沟通，使瑞希根本感受不到父母的诚意，自然就不会向父母吐露自己的心事了。

为此，父母在和孩子进行沟通时，不能吼不能叫，而是要带着诚意，真诚地和他谈心，让孩子感受到你的真心。而且父母带着诚意和孩子沟通，有助于增强孩子对父母的信任度，让孩子万事都跟父母商量，维持良好的亲情关系。所以，父母在和孩子进行沟通时，应特别注意以下几点：

（一）注重和孩子眼神的交流

父母在和孩子的交流过程中，很容易忽视眼神的交流。其实透过眼睛，可以看到对方真实的内心世界，父母在和孩子交谈过程中，要时不时地进行眼神交流，透过眼神，你能知道孩子是不是在说实话，是不是真的愿意和你沟通等等。但是在谈话的过程中，如果父母目光散乱，不管怎么苦口婆心的说教，孩子都不会牢记于心。

（二）要给孩子倾诉、辩解的机会

好父母在和孩子沟通的时候，往往会给孩子辩白的机会。在孩子犯错的时候，父母首先要做的不是对孩子大吼大叫，而是要给他们辩解的机会，听听孩子的解释，再进行沟通。如果父母只顾着自己的想法，给孩子乱扣罪名，孩子以后再遇事也不会和父母交流。可见做一个忠实的听众，给孩子说出内心想法的机会，会使父母与子女之间的关系变得更为融洽。

（三）要用心倾听孩子的心声

想要做好父母，必须先学会做一个好听众。而一个好听众，必须集中注意力专心听讲。因此，父母在和孩子交流时，应当放下手头正在做的事情，认真听孩子讲话，必要的时候再给点肢体语言，让孩子知道自己在仔细听，这样孩子就会放下戒心，把心中的疑虑、烦恼都讲出来。故而学会倾听是了解孩子、知道孩子真实想法的最好方式，父母抽出时间来和孩子交谈，倾听孩子的心声，让孩子感受到诚意，孩子才会向父母袒露自己的内心世界。

（四）要给孩子做决定的权利

在生活中，大多数父母都喜欢掌控自己孩子的生活，事无巨细，什么都喜欢一手包办，这让很多孩子都感到无可奈何。虽然孩子们明白父母是爱他们的，但这种爱太"自私"，父母压根就没考虑过他们的感受，这让他们敢怒而不敢言。有时，父母也会象征性地询问一下他们的意见，但一旦孩子将想法说出口，就会被立马否决，渐渐地孩子也就不会再提意见，因为无论怎样，结果都是一样，所以也就没必要再发表自己的意见了。慢慢地，父母和孩子之间的距离就会变得越来越大。所以父母应该给孩子足够的自主权，让他们有权决定自己的事情，而不是一味地包办。

本 节 家 教 智 慧

"我的人生，由我做主！"相信很多父母在和孩子沟通失败的时候，都会听到孩子喊出类似的话。事实上，每个人都想过自己想要的生活，而不是被他人掌控。那么，给孩子足够的自主权，认真倾听孩子内心的声音，带着诚意和他们沟通，孩子自然不会厌烦你。因为孩子都是需要呵护的，做父母的只有充分理解他们，他们才会和你亲近。

4

不要忽略和孩子的非语言沟通

著名语言学家艾伯特·梅瑞宾曾经说过："人和人之间的沟通交流，除了语言沟通外，还包括非语言沟通。其中非语言沟通在人际交往中所占的比例高达93%，而语言沟通的比例只占7%。并且，在非语言沟通中，有55%是通过面部表情、身体手势等肢体语言来进行的，只有38%是通过音量的高低来进行的。"因此，艾伯特·梅瑞宾提出了一个著名的沟通公式：沟通的总效果=55%的面部表情+38%的音调+7%的语言。由此也可以看出，非语言的交流在沟通中起着非常重要的作用。

艾伯特·梅瑞宾还做过一项调查，结果发现，在父母和孩子沟通的过程中，非语言沟通常常会被父母忽视。当和孩子谈到沟通的话题时，父母脑海中浮现的都是和孩子对话的场景——自己说，孩子听。比如说，当孩子放学很开心地跑回家，想对父母讲今天在学校得到老师的表扬了，可大部分的父母都一边做家务，一边听孩子讲话，没有和孩子进行肢体语言的交流；有些父母可能还会对孩子的叽叽喳喳表示厌烦，对他们大吼大叫等。这会导致孩子没有兴趣再说下去，而且还会破坏亲子关系。由于父母不重视非语言沟通，会让孩子觉得和父母沟通没有意思。长此以往，会使孩子们有心事也不愿意和父母交流，进而导致亲子关系不和谐。

由此可知，非语言的沟通对孩子的健康成长非常有帮助。而且，非语言沟通在某些特定的环境中，往往比语言沟通更能表达人们的真情实感，促进父母和孩子之间的感情。例如，孩子做了一件自认为非常光荣的事情，他就会迫切希望得到父母的赞同，这时，父母如果单纯地对他说："孩子，你真棒，妈妈为你而感到自豪。"孩子当时会心花怒放，非常开心，可是过不了多久，孩子就会忘记。但是如果父母放下手中的工作，面带微笑地走到孩子面前，给他一个大大的拥抱，并对他说："妈妈因你而骄傲！"结果则是不同的，孩子会永远记住妈妈的怀抱以及妈妈的话。这就是语言沟通和非语言沟通的区别，非语言沟通要比语言沟通对人们的影响更深远。

父母在和孩子交流时，不同的交谈姿势会给孩子传递出不同的内心感受。如果孩子在和父母交谈时，父母不但没有认真聆听，反而大吼大叫，这会让孩子心生厌恶，更别提说出自己的想法了。但如果父母温柔地询问他怎么了，时刻关心孩子情绪的变化，并辅以手势安慰，比如拍拍肩膀，则会让孩子感到自己受到重视，他们就会把自己的烦恼说出来，和父母进行交流。

乔克是美国来的留学生，因为学习成绩特别优异，考取了澳大利亚皇家墨尔本理工大学。由于美国人独立自主的个性，他在皇家墨尔本理工大学留学期间一直靠勤工俭学来维持生活。他在和朋友谈到赴澳的见闻时，这样说道："澳大利亚的父母都是蹲下来和孩子讲话的，这让我感触颇深。"乔克的这种深刻感受，来源于他的勤工俭学。他接到第一份家教工作的时候，异常开心，他做了充分的准备。可到了那里才知道，对方是个贵族家庭，家里只有一个小女孩，由于英文成绩比较差，所以家里才想给她找个家庭教师来帮助她提高英语。乔克到的时候，那个名叫莎莎的小女孩才刚吃完饭，她父母看到乔克来了就热情地请他进门，然后她妈妈做了个令乔克很震惊的举动，莎莎妈妈牵着莎莎走到乔克面前，然后蹲下来，抚摸着她的头，真诚地看着她说："宝贝，这是妈妈给你请的家庭教师，乔克叔叔，以后你在英语上遇到困难就跟乔克叔叔讲，乔克叔叔会教你的。"当时客厅里不止有佣人，还有很多来他家拜访的客人。接着莎莎妈

妈把莎莎的手交到乔克手中，让他牵着她上楼。他当时感到特别惊讶，但转眼又想可能是独女的缘故，父母更加宠爱，所以没有多问。可是事实并非如此，学校有位和乔克要好的朋友，有天邀请乔克去他家做客，乔克欣然应允。乔克的朋友有个特别可爱的小妹妹，年龄和哥哥相差挺大。乔克到他家的时候，妹妹和邻居家的姐姐吵架了，正在家里闹脾气。这时，乔克的朋友走过去，蹲下身向他妹妹问清缘由后，双手握住妹妹的小手，脸贴着脸，目光汇集在妹妹身上，诚恳地说："谁对谁错并不重要，可重要的是做错了就该主动承认错误，怎么能在家里乱发脾气，把气撒在别人身上呢？"妹妹感受到哥哥真诚的目光，会意地点点头，过一会就主动向邻居家的小朋友承认错误了。乔克这才恍然大悟，原来澳大利亚人都很善于用非语言和孩子沟通，让孩子体会到父母是尊重他们的，他们也有平等的权利，这样他们才会从内心接受你的要求，信任你。

乔克的深刻感受告诉我们，在和孩子谈话的过程中，无论和孩子谈话的内容是什么，都一定要正确使用肢体语言进行沟通，告诉孩子你很用心地在倾听，举手投足间都要透露出对孩子的爱，孩子才会信任你，跟你袒露心事。因此，在和孩子沟通时，父母要特别重视非语言的交流。

（一）经常向孩子微笑

法国著名文学家雨果先生曾经说过："笑就是阳光，它能消除人们脸上的冬色。"的确如此，微笑拥有神奇的魔力，当父母给孩子一个灿烂的微笑时，孩子便能感受到父母浓浓的爱意，以及来自父母的肯定。在和孩子交谈的过程中，父母要时不时给孩子一个微笑，鼓励他把心中的烦恼说出来，从而促进亲子关系的发展；当孩子犯了错，父母也不要急于责备，坐下来，和孩子好好交流，面带微笑，这样孩子也更愿意主动承认错误。

（二）给孩子一个温暖的拥抱

美国《纽约时报》一项调查报告指出，大约 70% 的孩子都喜欢父母的拥抱，大约 30% 的孩子认为人的一生都需要父母的拥抱。日本大阪大学心理研究中心也发表了一则消息：人都有一定程度上的"皮肤饥饿感"，当父母在和孩子接触中，拥抱最能使孩子产生强烈的幸福感和安全感。当孩子因为某件事情而伤心时，最需要的是父母的怀抱，因为，父母的怀抱既能给他无限的鼓励，又能拉近父母和孩子之间的距离。所以，当孩子遇到困难时，当父母和子女的关系陷入僵局时，父母适时地给孩子一个温暖的拥抱，比说什么话都强。

（三）牵手可以拉近与孩子的距离

从小到大，孩子都喜欢牵着父母的手一起走。通过牵手，可以传递给孩子鼓励、温暖、期望、尊重，让孩子感受到父母的肯定、认可。为此，当孩子哭闹时，父母可以牵起他的手，向他传递关爱与温暖。而且，无论什么时候，父母都要主动牵起孩子的手，鼓励他大步向前走，长此以往，就能缩小和孩子之间的距离。

本 节 家 教 智 慧

罗夫·瓦多·爱默生说过："人的眼睛和舌头说的话一样多，不需要字典，却能够从眼睛的语言中了解整个世界，这是它的好处。"可见，父母在和孩子沟通的时候，要重视非语言的沟通，肢体语言能带给孩子更大的帮助。并且，父母在和孩子沟通时，恰当地运用手势、表情等肢体动作，能拉近孩子和父母的距离，对孩子的成长也会更加有利。

5

要重视和孩子的约定

在孩子眼中，父母是最值得信赖的人，父母的一言一行都对孩子产生深刻的影响，都会成为孩子模仿的对象。因此，父母在孩子教育方面，千万不能忽视对孩子的守信教育，一定要重视和孩子的约定。

很多父母都会有这样的疑惑：为什么我的孩子突然就不跟我说话了？为什么孩子好好的就生气了？为什么和孩子说了几句话就被反驳，最后导致谈话失败？其实，这都是由于父母和孩子的沟通方式有问题，父母诚信缺失，自然沟通失败。而要建立正常的沟通模式，父母就要重视和孩子之间的约定。

不重视和孩子的约定，父母对孩子说谎话或说空话，都会给亲子关系造成严重影响。具体而言，父母不遵守和孩子的约定，孩子就会对父母产生误解，不愿听父母的话，甚至对父母产生厌恶。儿童心理研究专家许文慧在健康报中指出，孩子比大人更重视约定的履行，他们对父母说过的话记得一清二楚。因此，父母在和孩子沟通时，不要轻易许诺，要重视承诺。相信很多父母在和孩子的沟通中产生过这样的困惑：明明说得好好的，突然提到几天前答应的事忘了做，孩子就生气了，对自己不理不睬，真是无法理解。有的父母在和孩子沟通时，一旦谈崩，就对孩子大吼大叫，失信其实是自己的原因造成的，却不自我检讨。这都是因为父母不重视和孩子的约定，导致诚信缺失，如此孩子自然不会信任父母，最后只能以失败告终。

　　袁枚最近很是焦心，女儿已经两天没有和她讲话了，不管怎么哄都没用。原来是前段时间她看女儿学习状态不对，在上课的时候老爱和同学讲话，导致人家父母都投诉到她这儿来了。其实袁枚的女儿是个聪明的孩子，但就是不喜欢规矩，上课老爱做小动作，让老师很是头疼。她知道女儿一直很想去动物园看小猴子，就许诺她只要她这个月好好学习，上课不要打扰别人，不要搞小动作，月考成绩进了班上前十名，就带她去动物园玩。这个礼拜月考成绩出来了，女儿不负众望，进了全班前十名，班主任也说她多动症的毛病有所改善。袁枚很开心，但是因为最近业务量增多，她忙得焦头烂额，就把答应女儿的事给忘了。

　　星期天一大早，女儿就起床来到她的房门前："妈妈，妈妈，快起床，我已经准备好了。"袁枚很是纳闷，这么大清早的，女儿很是反常。袁枚打开房门："宝贝，怎么了？""你答应只要我上课认真听讲，月考成绩进入前十名就带我去动物园玩的，快点起来，我们出发了。"女儿眉飞色舞地说，袁枚这才想起这件事，但昨晚加班太晚，她实在是太累了，况且天气还不好，她就更不愿出去了。"宝贝，今天天气预报说会下暴雨，动物园会关门的，我们下次去吧。"女儿一听就不乐意了，对着袁枚大吼大叫："你说话不算话，我不跟你玩了。"接着跑回房间把自己闷在里面。袁枚一开始也没太在意，吃早餐的时候叫她，她不应，中餐、晚餐也是只吃一点点就回房间去了，一整天不和自己说话。本来以为第二天情况会好转，毕竟是个孩子，很容易就忘记的，但第二天起床之后，女儿还是不跟她交流，任凭她说什么，她都像听不见一样，袁枚生气地吼了她几句，这更加剧了母女之间关系的恶化，女儿竟跑到同学家去住了，袁枚这下慌了，不知道该怎么办。

　　袁枚的一位同学是心理医生，她告诉袁枚："孩子特别重视诺言，她会记得大人说过的每一句话，并当作行为准则来执行。所以，父母和孩子的相处要重视约定的力量，不要让孩子对你失望。尤其是不要轻易许诺，

一旦许下诺言就一定要遵守，这样才会让亲子关系持续健康发展。父母只有以身作则孩子才会信任你，让父母与子女的关系更加和谐。"听完这番话后，袁枚意识到了自己的错误，于是她赶紧向孩子赔礼道歉，隔天就带她去动物园游玩，女儿此行非常开心，母女关系也改善了很多，甚至比以前还要亲密。

其实，有的时候，孩子并不是较真，而是父母给了他太大的期望，但最终却让他失望。所以，父母在和孩子沟通的时候，千万不要随便许诺，因为孩子会记在心里，一旦许下承诺，就一定要努力遵守。很多时候，并不是孩子故意撒泼、耍赖，而是做父母的没有重视和孩子之间的约定，导致沟通失败。

承诺是金，是每个人的立身之本。在和孩子沟通的过程中，父母更要重视和孩子说过的每一句话，并积极履行它。这样才能有效地帮助父母和孩子之间建立并发展和谐的关系，促进孩子塑造良好的思想品格。因此父母在和孩子相处时，要注意以下几点：

（一）父母应做到言行一致

要想改善和孩子之间的关系，父母就更应该做到言行一致。在和孩子沟通时，要注意自己的一言一行，不轻易许诺，一旦许诺就要信守承诺。孩子的记忆力比大人想象的要好，大人许过的每一句诺言，他们都会牢记于心。如果父母时常不言行一致，不重视和孩子之间的约定，就会让孩子对父母失去信任，影响亲子关系的发展。因为，孩子都是善于模仿的，他们很容易受到父母行为的暗示，父母的言行举止对孩子来说影响甚大。如果父母经常不遵守约定，久而久之，孩子就会受到暗示，跟着模仿起来，这对孩子的成长极为不利。

（二）要从小培养孩子的诚信意识

每个父母都希望自己的孩子是个诚实守信的好孩子，遵守和他人的约定，不喜欢孩子撒谎，但是很多孩子却当面一个样，背后一个样。面对孩子的这种行为，父母总是又气又急，情急之下就会对孩子大吼大叫，但是这种方式，往往不会起到好的效果，可能还会引起孩子对父母的反感，更不愿意听从父母的话。父母应当从小就培养孩子的诚信意识，以身作则，给孩子树立好的榜样，告诉孩子诚信的重要性。同时，父母也可以借助实例、讲故事的形式树立孩子的诚信意识，让孩子明白诚信对一个人的一生会产生重要的影响，并身体力行地教会他重视和他人的约定。

（三）不要轻许诺，要重承诺

在生活中，常常可以看到，很多父母经常为了激励孩子好好学习，就轻易许下诺言。很多时候孩子为了得到奖励，努力达到了父母的期望，但父母却忘了答应孩子的事，长此以往就会引发亲子关系的恶化。因而，做父母的一定要明白，孩子不是随随便便就可以糊弄的，既然许下了承诺，就应当遵守约定，只有自己重视约定，孩子才会跟着遵守。

本 节 家 教 智 慧

美国著名教育学专家戴维·伯恩说过："父母用什么样的教育方式，就会教出什么样的孩子。"可见，父母的一言一行对孩子的成长都有着重要影响，孩子好模仿，这就要求父母在和孩子沟通的过程中，要重视和孩子的约定，不要轻易许诺；一旦承诺，自己就要以身作则，尽量去实践诺言，这样孩子才会相信你，亲子关系才会以良好的势头发展下去。

6

给孩子一次争辩的机会

父母在和孩子沟通的过程中，大多采取"大人说话小孩听"的方式，父母总觉得孩子没有长大，没有形成独立的意识，考虑问题不够全面，因此总喜欢替孩子做主，帮孩子拿主意，而不是征求孩子的意见。这样的话，易造成孩子对父母的厌恶，面和心不和。久而久之，会加剧孩子的逆反心理。儿童心理学家皮儿杰认为，能够与父母争辩的儿童，在以后的生活中会更加自信、有创造力和合群。

在生活中，孩子犯了错，很多父母首先采取的方式就是严厉责问，对孩子大吼大叫，这只会加剧孩子对父母的反感，甚至会使孩子产生逆反心理。很多事情，并不如人们想象中的那样，没有了解事情的始末，是不能妄下定论的。而现如今，许多父母在孩子出问题时，都喜欢不分青红皂白地大吼大叫、指责孩子，不给孩子争辩的机会，这更容易导致孩子不愿跟父母沟通，进而出现沟通危机。

这种大吼大叫的沟通方式，会加剧亲子关系的恶化，父母在和孩子沟通的时候，要尽量避免对孩子大吼大叫。当然，作为父母，都希望自己的孩子能有所作为，正因为如此，他们就会不自觉地对孩子期望过高。一旦孩子令其失望，亲子关系就会陷入困境。这就会使父母在教育孩子的时候，常常遇到孩子反驳，甚至顶撞自己，面对孩子的争辩，许多父母都感到无可奈何，觉得自己的苦心白费了，孩子压根就不懂，伤心难过之余又对孩子严加管教，这更是在无形中拉远了父母和孩子的距离，致使孩子有事也不和他们分享。明辨是非的父母懂得在和孩子沟通的时候，要给孩子争辩的机会，让孩子有说出苦衷的机会，这样才有助于自己帮助孩子找出问题的根源，有助于培养孩子独立自主的个性。

兔妈妈生了一对很可爱的双胞胎女儿，兔爸爸很是开心，逢人就炫耀。兔宝宝越长越大，每天只知道玩耍，弄得满身都是泥巴，兔爸爸很是生气，觉得自己的两个女儿很不争气，也不觉得她们可爱、漂亮了。别人家的宝宝都会弹钢琴、唱歌、跳舞，自己家的两个女儿只顾每天贪玩，学习成绩也不好。

有一天，兔爸爸路过一条清澈的小河，看到邻居家的熊宝宝坐在河边画画，走上前去看了看，发现熊宝宝的画画得特别棒，画上的蝴蝶就像活的一样，心里羡慕得不得了："要是我们家的两个女儿也能画得这么漂亮该多好啊。"回到家里，兔爸爸就和兔妈妈商量说送兔宝宝们去学画画，"总不能什么都落后别人吧。"兔爸爸说道。就这样，兔宝宝们就被送到幼儿园学画画了。兔爸爸是个专制的人，不允许别人反驳他，兔宝宝们在无声的抗议中开始了痛苦的学画生涯。谁知道，兔宝宝们在绘画方面根本就没有天赋，学了一年都没有什么好作品，依然是森林里的最后一名。兔爸爸觉得非常丢脸，每次看到兔宝宝们的绘画成绩，就劈头盖脸地一通指责，更不允许孩子们辩解。后来，兔爸爸觉得兔宝宝们不是画画的料，就希望她们能学点别的，他看到孔雀宝宝跳舞十分厉害，就想让自己的女儿也去学习，兔宝宝们刚从画画的束缚中解脱出来，哪里肯再学，就想跟兔爸爸争辩，可谁知刚开口，就被骂了，于是又不得不开始学习舞蹈。可是，学跳舞也学了一年，兔宝宝们还是没长进，跳不出像孔雀宝宝那样优美的舞蹈，兔爸爸很是生气，不由分说就把她们关在家里不让出去了。就这样久而久之，兔宝宝们越来越怕兔爸爸，什么事情都不和他交流。兔爸爸百思不得其解，自己要女儿们学画画、学跳舞是要她们好，希望她们能有一技之长，将来到社会上，也不至于饿死，怎么她们就不能理解自己呢？

　　兔爸爸无奈之下去找了心理医生猪先生，猪先生告诉他，每个孩子都是不一样的，他们有自己喜欢的事物，父母在他们的成长过程中只能起引导作用，并不是帮他们做决定，掌控他们的人生。在和孩子沟通的时候，也要适当地听取孩子的意见，给孩子争辩的机会，这样才能帮助孩子准确地找到自己的位置，也能有效缓和亲子关系。兔爸爸觉得很有道理，回到家后，把两个女儿叫到跟前："你们有什么意见可以对爸爸说，爸爸以后不会动不动就对你们大吼大叫了。"兔宝宝们很是惊讶，还是不敢开口，兔爸爸便耐着性子又说了一遍："爸爸保证以后绝对不会再逼你们做不喜欢的事情了。"兔宝宝们看爸爸态度这么诚恳，就你一言我一语把心中的不快全部倒了出来："我不喜欢画画，太枯燥无味，不是我们不努力学习，是真的没有这个天分。""我也不喜欢跳舞，每天踮起脚尖，脚都疼死了。""我们喜欢跑步，奔跑才是我们的强项。"兔爸爸经过和女儿们的详谈之后，决定给女儿们机会，让她们学习跑步，没想到跑步真的是女儿们的强项，在每年一度的森林运动会中，兔宝宝们都能拿冠军，到最后她们甚至还获得了长跑冠军的称号，兔爸爸走到哪都觉得面子十足。从此以后，兔爸爸再也不事事给女儿们做决定，帮女儿们安排她们的人生，而是和女儿们沟通协商，听取她们的意见，让它们有争辩的机会，这样一来，他们的父女关系也改善了很多，兔爸爸十分开心。

　　心理学家认为，争辩能够帮助孩子变得自信和独立。在争辩的过程中，孩子能感受到来自父母的重视，更好地表现出自己的内心想法，希望得到父母的支持，这时父母要做的不是无情地打断，而是耐心地聆听孩子的辩解，给他们机会去证明自己。但如果孩子进入争辩的误区，也要适时引导他们走出误区。所以，允许孩子争辩，不压制孩子反驳，这才是为人父母应当做的。并且给孩子一次争辩的机会，让他们说出自己的心声，不要把父母的意愿强加在孩子身上，这样才能让孩子和自己的关系更进一步。为此，父母要特别注重以下几点：

（一）改变传统的教育理念

争辩是孩子表达自己内心情感的一种方式，受传统教育理念的影响，很多父母都不允许孩子和自己顶嘴，觉得孩子还没长大，还不懂事，父母的话就是圣旨，孩子必须言听计从。在这种教育体制下长大的孩子，易产生对父母的不满情绪，即便是犯了错误也不敢对家人诉说，因为怕受责备。为此，父母应当改变传统的教育观念，给孩子争辩的机会，让孩子把内心的真情实感说出来。

（二）给孩子表达内心情感的机会

聪明的父母会在和孩子沟通时，悉心听取孩子的想法，让孩子把内心所想表达出来，等孩子说完之后，再给他们分析情况，权衡利弊，提出解决的方案，让他们自己做主。实际上，孩子在争辩的时候，往往是最认真的时候，这对启发他们的思维有重大帮助，父母应当充分给予孩子表达内心情感的机会，增强孩子的独立思考能力和社交能力。

（三）不要打断孩子说话

很多父母在和孩子沟通过程中，喜欢打断孩子的话，从而导致沟通失败。这是因为孩子在和父母争辩时，很多父母都会觉得自己的面子受到伤害，总是在孩子刚开口时就打断他们，不给孩子争辩的权利，久而久之孩子就不再愿意开口。所以父母在和孩子沟通时，不要打断孩子讲话，让孩子充分表达自己的情感，认真听取孩子的想法，然后再进行有效的沟通。

本节家教智慧

德国汉堡心理学家安格利卡·法斯说过："两代人的争辩，对于下一代人来说，是走向成人之路的重要一步。"由此可见，允许孩子争辩是件有益的事，可以让孩子变得自信独立，也可以让孩子更清楚地分析问题，找到解决方案，同时还可以缓解家庭气氛，缓和亲子关系，让孩子赢得漂亮的人生。因此，父母在和孩子沟通时，要给孩子争辩的机会，让孩子勇敢地表达自己。

7

不要盲目溺爱孩子

溺爱孩子是当今社会普遍存在的现象，很多父母因为家中只有一个孩子，就对孩子特别宠溺，孩子说什么都依，过分地宠爱。这就导致很多孩子养成了衣来伸手饭来张口的恶习。而且，父母在和孩子进行沟通时，也经常会因为宠溺而对孩子言听计从，哪怕是不合理的要求，也会想方设法满足他们，这就容易使孩子养成不良习惯。因为过分溺爱，一旦拒绝孩子的要求，就会造成父母与子女之间沟通失败。

苏联著名教育学家马卡连柯说过："父母对自己的子女爱得不够，子女就会感觉到痛苦，但是过分的溺爱却会使子女遭到毁灭。"而生活中，大多数父母都在抱怨：为什么大人说话孩子总不愿听呢？我们明明是为他们好，为什么他们就是不理解呢？父母总是在责怪孩子，好像孩子不听话是孩子自身原因造成的，与他们没有什么关系。其实，真正的原因出在父母身上，因为从小太过宠溺，长大之后孩子就会更加叛逆，特别是在青春期，孩子的逆反心理达到顶峰，父母常常为此头疼不已。所以沟通不畅，不能全怪孩子，父母也得好好反省，是不是自身原因造成的。

一般来说，成长在过分溺爱的家庭里的孩子，都比较任性，做事情也比较有主见，有时父母对他们无奈地大吼大叫，他们甚至会反抗父母，更有甚者会离家出走，所以父母都对此颇感忧心。同时，溺爱会让孩子变得无情，削弱孩子的人际交往能力，缺乏独立自主的精神。因此教育专家呼吁广大父母：爱孩子要理智，不要溺爱，这对孩子的健康成长有巨大帮助。

　　杰瑞是个单亲家庭的孩子，从小父母离异，他跟着妈妈生活。父母觉得对他亏欠太多，所以一直对他都是有求必应。每次外出，妈妈都会给他买很多东西，哪怕有些东西他根本就不需要。父亲也尽可能地弥补他，每到周末都过来接他，带他去游乐场玩。渐渐杰瑞就养成了玩世不恭、无礼霸道的性格。从中学开始，他就跟着社会上的不良少年一起泡吧、去舞厅等，才十几岁的孩子就因为小事和他人打架斗殴，几进几出派出所，杰瑞父母很是忧心，互相埋怨，爸爸怪妈妈不严加管教，妈妈怪爸爸没有尽到做父亲的责任。父母分别跟杰瑞谈话，但最终都失败了。爸爸一着急对杰瑞说话重了点，杰瑞竟离家出走，跑到同学家留宿，不管父母怎么劝都不回来。父母又气又急，可是又完全拿他没办法，找他谈话，他完全置之不理。

　　杰瑞的父母很无奈，不管他们怎么说、怎么做，杰瑞都不听，小时候感觉他挺听话、挺懂事的，怎么越长大越难以管教了。因为是离异家庭，杰瑞的父母从小就怕他缺爱，怕他变得跟其他孩子不一样，所以就尽量什么事都依着他，只希望能弥补他。因此养成了杰瑞骄纵的坏毛病。一有什么不开心，就对父母大呼小叫，然后全家人围着他转，就怕一个不小心把这小祖宗给得罪了。杰瑞之所以变成现在这副样子，是他父母没有想到的。他们相互埋怨，却没有从自身找原因，他们以为一味地对他好，把他们认为最好的给他就是爱他，却从来没有坐下来和杰瑞好好谈谈，只懂得溺爱他，所以杰瑞才受他人蛊惑，走上了不归路。

　　杰瑞的父母应该学会从自身找原因，不只是孩子有错，大人也一样有错。只是把自己认为对孩子好的给孩子，却从不问孩子是不是愿意接受，一味地溺爱，恨不得把整个世界都送到他眼前，正加剧了孩子的逆反心理，一旦不顺心，就容易跟旁人大打出手。其实，父母应当多和孩子交流沟通，不能因为离异就事事顺着孩子，这会对他的未来发展产生不良影响。尤其是父母在和孩子沟通时，切记不要一味地退让，孩子说什么就是什么，合理的要求可以答应，不合理的要求一定要坚决拒绝，不能过分宠爱。

（一）坚决地拒绝孩子的不合理要求

父母对于那些又哭又闹的孩子，通常没有办法，只能一味地妥协、退让，然后纵容他们，让他们得到他们想要的，根本不考虑孩子的要求是否合理。这样骄纵惯了，孩子会上瘾，父母一旦拒绝，孩子总有办法让你妥协。因而，父母在和孩子沟通的时候，要坚决地拒绝孩子的不合理要求，并说明理由，这样孩子才会理解。

（二）进行不溺爱教育

不溺爱教育不是说对孩子没有爱，特别严厉地教育，而是在孩子合理的请求下满足他们的愿望，不合理的请求则拒绝；不溺爱教育并不意味着可以对孩子大吼大叫，孩子是极其敏感的，父母大吼大叫的教育方式，可能给他幼小的心灵带来创伤，对父母产生不好的印象，这是用什么都无法挽回的。4—5岁是孩子成长的重要时期，这个时期的孩子对万事万物都充满好奇，父母要对他们进行正确的引导，不能他们想要什么就给什么，父母要对孩子负责，教会他们树立正确的人生观、价值观、世界观。所以，不溺爱教育要从幼儿时期开始，父母要有意识地培养孩子独立自主的个性，不能事事顺着他们，并要告诉他们什么事能做，什么事不能做。

（三）爱要与严格要求相结合

对孩子严格要求也是爱的一种体现。古语有云："爱之深，责之切。"就是说，因为太爱了才会严格要求。因此，父母不该盲目溺爱孩子，要对孩子严格要求。什么该做什么不该做，要界定清楚。当然，严格要求也并不意味着对孩子轻则训斥，重则打骂，而要做到以合理为前提。

另外，对待孩子还要有足够的耐心，当孩子对某件事物感到好奇时，父母应当耐心讲解，不能因为孩子多问几遍就不耐烦。综上所述，不难看出，严格要求对孩子来说是非常重要的，因为孩子年幼无知，易受他人影响，如果父母不严加管教，孩子很容易学坏。

（四）培养孩子养成讲道理的好习惯

父母在孩子幼年时期就应该培养孩子讲道理的好习惯，教他们分清是非曲直。更重要的是，父母在做每件事的时候，都不要忘了告诉孩子其中的道理，让孩子从小耳濡目染，学会明辨是非，这样父母再和孩子沟通时，孩子也就更容易接受。

本 节 家 教 智 慧

现在，孩子在父母眼中就是一切，孩子想要什么，父母都会尽力给予，也不管孩子的要求是否合理，因为父辈们度过了自己的苦难童年，所以想极力让孩子过上好的生活。但是盲目地溺爱孩子，往往会养成孩子不良的行为习惯，对孩子的身心发展极为不利。因此，父母爱孩子要有所节制，不能盲目地满足孩子的一切要求，在和孩子沟通的过程中，要及时更正孩子的错误思想，不能放任他们继续下去，但也要注意和孩子沟通的语气，不能吼不能叫，这样才能保持良好的亲子关系。

换位思考，站在孩子的角度想问题

　　父母在和孩子沟通过程中，往往只是站在自己的角度看问题，从而忽视孩子的感受，孩子由于得不到父母的重视，自然拒绝和父母沟通，亲子关系也必然会出现裂痕。于是，在生活中，人们常常可以看到这样的场景：孩子因为早恋被父母管教，父母根本就没考虑过孩子的感受，把自己认为的理由强加在孩子身上，不分青红皂白地训斥一顿，孩子即使想解释也没机会开口，这更加激化了亲子矛盾。其实孩子是需要细心呵护的，父母对他的严词厉骂，都会对孩子产生不良影响，这对孩子的健康成长极为不利。

　　生活中，当孩子完全没有意识到自己做错了或对自己的错误行为不以为意时，父母首先要做的不是指责，而是应该坐下来和他好好谈谈，进行心与心的交流，进而学会站在孩子的角度，换位思考，试着去理解他，包容他。有些时候，人们经常会用一个简单的对错来衡量某件事情，这是对自己不负责，也是对他人不负责的表现。因为我们所处的立场不一样，考虑问题的方式就会不一样，结果当然也会不一样。所以出了问题，首先要做的并不是指责他人，而是要懂得换位思考，站在他人的立场想问题，一如你渴望得到别人的理解一样。只有站在他人的立场想问题，才能探索出深藏其中的原因，以便了解他人的真实感受。父母在与孩子沟通时，也要这样做。只有学会换位思考，了解孩子的真正想法，才能更好地解决问题，也才能拉近父母和孩子的距离。

当人们在面对某一问题时，如果仅仅从自身的角度去考虑，而不顾他人的感受，往往就会有失偏颇，甚至做错事，伤害他人。许多父母在对待孩子的问题上就很容易犯这种错误，把自己的意志强加在孩子身上，从来没有考虑过孩子能否接受，从而导致亲子关系不融洽。而换位思考，能够帮助人们更好地理解别人所想，这样就不会勉强别人做自己不愿做的事情。由此可知，想人所想，最终是想己所想。

杜丽是一名高三学生，学习成绩一直很优异，在这个一直以学习成绩为荣的学校中，杜丽算是个佼佼者，老师、父母都对她报以很高的期望，以她的成绩上名牌大学是没问题的。但是在即将面临高考的关键时刻，杜丽竟然有了轻生的念头，她从教学楼十楼跳了下来。杜丽的这一行为让同学、老师、父母都惊愕不已。在他们眼中，杜丽一直是个很乖的孩子，尊敬师长，爱护同学，对父母从不忤逆，令他们万万没有想到的，就是这么一个乖巧懂事的孩子，竟然选择自杀以结束自己的生命。老师悲痛不已，这么一个有前途的孩子就这样没了。父母更是无法承受这个打击，一直听话懂事的女儿怎么会自杀？后来还是杜丽的好朋友帮大家揭开了这个谜团，杜丽死之前就留好了遗书，说要是她出了什么意外，就把这封信交给她的父母。她在遗书中写道：

亲爱的爸爸妈妈：

你们好！

当你们看到这封信的时候，想必我已经不在人世了，很感谢你们多年来的养育之恩，教我做人，教我处世，给我最好的一切，真的很感激你们。女儿不孝，不能为你们尽孝，让你们白发人送黑发人。但我更希望你们能理解我，不再给我压力。今天我从教学楼顶楼纵身一跃，我觉得一切都解脱了，我终于可以过我想要的人生了。爸爸妈妈，请你们原谅我，就让我这么任性一次吧。从小到大，你们都对我严格要求，一直在向我灌输要成为最优秀的人的思想，你们从来没有想过我的感受，我过得很不开心，我一点也不幸福。

你们还记得吗？小学五年级的时候，我被选上校园一辩手，代表学校参加全国中小学生辩论大赛，我开心地跑回家跟你们说，可是你们却严词拒绝了，说现在最重要的是小升初考试，参加这个比赛会耽误很多学习时间，不让我参加，我自然是不同意，可你们压根就没考虑我的感受，擅自做主给班主任打电话取消了我的参赛资格，我真的很难过，那是我喜欢的比赛，可你们却不允许我参与。

初二的时候，正是情窦初开的年纪，因为我文静内敛的性格，在班上很受男孩子欢迎，其中有个男孩子就经常借请教我问题来找我，可是我们并没有发生什么，只是普通的同学关系而已。你们得知这个消息后，回到家对我一顿指责，还硬要把一些你们自以为是的想法强加在我身上。我真的很无奈，我试图解释，可是你们却不肯听，第二天还专门去学校找那个男生谈话，这件事在学校沸沸扬扬地传了很久，直到现在我都没有勇气跟那个男生说话。你们想过我的感受吗？你们也有过青春期，也当过孩子，你们怎么就不能理解我，站在我的角度为我想想呢？在那么多人面前让我难堪，让我怎么有勇气生活下去？

前段时间，因为高考志愿的问题，我们又起了争执，你们依旧我行我素，要我走你们帮我选择的道路。我的梦想是当一名作家，所以想报文学类的专业。可是你们觉得当作家是没有前途的，你们想让我当名医生，因为我本身学理科，刚好又符合医生的职业要求，而且医生的工作又不会很累，工资还特别高，也不会面临失业的危险。可是，你们不知道的是，我一点也不喜欢理科，更别提医生，总要接触尸体、病人，让我觉得恶心。其实我一直都很喜欢文字性的东西，它能让我有安全感。于是我跟你们认真地沟通，你们压根就不听，于是

我不顾你们的反对还是报了我喜欢的大学，喜欢的专业。可是我没想到的是，你们竟然动用关系，把我的志愿给改了。

现在好了，如你们愿了，我真的受够了，我不想再过被你们安排的生活，我想过我自己想要的生活，我不想再被你们掌控。我希望你们能反省下自己，站在我的角度为我想想，体谅下我，我也有我的想法，不想总是被你们所左右，我真的很累，所以，爸爸妈妈对不起，你们原谅我吧，永别了，来世希望不要再做你们的女儿了，因为我太累了。

杜丽的父母看完后泪流不止，他们终于了解了女儿的想法，可是一切都已来不及。儿童心理研究专家杨广学呼吁广大父母，在和孩子沟通的时候，切记不要固执己见，要听听孩子的想法，学会换位思考，站在孩子的角度想问题。我们每个人都是从孩提时代一步步成长起来的，做父母的更能体会孩子的心情，知道应该站在孩子的角度，帮他分析问题，告诉他是非曲直，教他怎样渡过难关，并采用不吼不叫的方式和孩子建立起正常的沟通模式。

（一）不勉强孩子做他不愿做的事

父母应当学会设身处地地为孩子着想，站在孩子的角度考虑问题，不勉强孩子做他不愿意做的事。众所周知尊重是和孩子沟通的前提，父母只有先尊重孩子，站在孩子的角度思考，才能和孩子愉快地交流下去。人们也很清楚，如果一个人被另一个人强制做一件事，那么两个人都会不开心，还可能会导致关系恶化。因此，父母在和孩子对话时，要尽量避免勉强孩子做不愿做的事，这会让孩子感到厌烦，从而影响亲子关系。

（二）换位思考，充分体谅孩子

人们都是从孩子一步一步长大的，父母应该更能体会孩子每个年龄段的心境变化，父母应该学会理解孩子，站在孩子的角度想问题。比如，孩子为什么会这么说？为什么会这么做？他是基于什么出发点？父母只有学会换位思考，孩子才能把心事说出来，亲子关系也才能长期保持良好的发展态势。

（三）不着急反驳孩子

大多数父母在和孩子沟通的时候，虽然给了孩子争辩的机会，但却在听到孩子的辩解时，却急于反驳，以致孩子还没说完自己的想法就被父母打断，使孩子苦不堪言。正确的做法应该是：明知道孩子的想法是错误的，但还是要鼓励他说下去，然后再对他进行教育，循循善诱，教导他认清是非对错，逐步增长孩子的知识和才能。

本节家教智慧

想要让别人理解自己，首先就得学会理解别人；只有站在他人的角度上为他人考虑，才能让他人来理解你。因而父母在和孩子沟通时，要学会换位思考，站在孩子的角度想问题，才能使亲子关系友好发展。

9

要给予孩子充分的信任

　　信任是人与人之间沟通的桥梁，给人们足够的信任，自然会有意想不到的收获。对于孩子而言，也是一样的，只有做父母的真正信任他们，他们才能更好地成长。也可以这样说，信任是连接这个世界的纽带，父母信任孩子多一点，孩子就会和父母亲近一点。

　　很多父母都有这样的担忧："我的孩子最近老是闷闷不乐，他是不是在学习中遇到难题了，还是和同学闹矛盾了？我要不要管管他？""我的孩子最近总是笑眯眯的，一回家就把自己关在房间里，捣鼓半天然后出去玩，不知道是不是早恋了？""我的孩子最近忽然变得好听话，不玩游戏，不跟我吵架，还主动帮我整理家务，就像换了个人似的，不知道是不是犯了什么错，想要使劲弥补？"其实，这都是父母不信任孩子的表现。孩子总是闷闷不乐，可能是因为最近天气不好，心情有点烦；孩子总是笑眯眯的，可能是由于孩子最近做了件好事，受到了老师的表扬；孩子变得乖巧懂事，可能是由于老师在上课的时候讲到父母的艰辛，令孩子感触颇深，想对父母好点。如果父母在对待孩子的问题上，总是站在不信任的角度，老是怀疑孩子，就会让孩子产生严重的心理负担，导致与孩子沟通不畅。其实父母们大可不必神经紧张，多给予孩子一些信任，你会发现孩子没有想象中那么糟糕，有时还可能会给你意外的惊喜。

　　心理学家认为，任何人都会因为他人的信任而表现得更加优秀，甚至超过自己的预期。因而，父母在和孩子沟通的时候，不妨对孩子多一些信任，相信孩子能做好，这比任何话语都管用。同样，相信孩子，给他充分的肯定，给孩子一个自由的空间去发挥，反而能让孩子学会如何管理自己，培养独立自主的个性。

可恩十岁那年，家里遭遇了重大变故，父亲出了车祸，母亲面临失业，一家人生活颇为艰难，可恩从小就懂得了生活的艰辛。有一次她去姑姑家玩，看到姑姑家的客厅里放了一张十元的钞票，可恩一时心动，便把钞票藏在了自己的口袋里，然后借故说妈妈要她早点回家，成功离开了姑姑家。回家后，可恩心里一直很忐忑，怕姑姑知道后向父母告状，一直没敢再去姑姑家。可恩走后，姑姑就发现钱不见了，也想到或许是可恩拿走了，但是她没有把这件事告诉可恩父母，因为她相信，可恩是个懂事的好女孩，绝不会有偷钱的坏毛病，她这样做绝对是事出有因。

事实证明可恩的姑姑是对的，可恩学校催收资料费，可恩知道家里没钱，就不好意思开口，刚巧看到姑姑家客厅放着十块钱，一时心动就拿走了。可恩的姑姑到学校了解过情况后找到她，对她说："孩子，你不要有心理负担，姑姑那钱本来就是打算给你的，姑姑一直相信你是个好孩子。"可恩很是感动，从那以后，可恩再也没有偷过任何东西。长大之后，因为心里愧疚，可恩还经常买礼物给姑姑，因为在她心里，姑姑给了她足够的信任，教会她要做个诚实的人，这对她的影响甚大。

可恩姑姑就是个好榜样，在教育孩子方面给予孩子足够的信任，让孩子放手去做，即使孩子犯了错，也不批评，而是委婉地指正，鼓励孩子走向正确的道路，可恩姑姑的教育法值得广大父母学习。

其实，在很多时候，父母都不会完全信任孩子，总觉得孩子没有了自己会干不了大事，于是，他们总是帮孩子安排好一切，殊不知这样会使得亲子关系越来越紧张。在生活中，也常常会听到有人抱怨现在的孩子不听话。于是孩子们的寒暑假作息时间表都要由父母安排和支配。事实上，正

是这个原因，导致了一系列问题的产生，而问题的根源，恰恰是父母对孩子的不信任。所以在沟通的过程中，父母要给予孩子充分的信任，相信他们能够做到，而不是驳回他们的意见。

（一）给孩子一片天空，让孩子放手去搏

父母在孩子的成长过程中，最重要的是引导，而不是支配。因此父母应该给予孩子足够的信任，给孩子营造轻松、自由的成长空间，让孩子放手去搏，勇敢闯出自己的精彩。

（二）放大孩子的优点，时不时地给予赞美

父母在面对犯了错的孩子的时候，都是一副恨铁不成钢的样子，这自然会让孩子有所畏惧，不敢对父母说真心话。而理智的父母知道，应该时不时地表扬孩子，即使在孩子犯错的时候，也应该顾及孩子的感受，而不是大吼大叫，苛责一顿。并且，要学会放大孩子的优点，哪怕是在孩子沮丧的时候，也要给孩子足够的信任，诚心诚意地和孩子交谈，告诉他，你相信他可以的。

（三）信任是相互的

父母在孩子的成长过程中扮演着重要的角色，一步步引导孩子走向成功的未来。因此，父母在孩子小的时候就应该培养孩子的信任意识，自己以身作则，成为孩子学习的榜样，放手让孩子去做自己喜欢做的事，并相信他们一定能做好。只有父母充分信任孩子，孩子才能更好地相信父母，对父母敞开心扉，让友好的亲子关系健康地发展下去。

（四）保护孩子的隐私

每个人都有隐私权，孩子也不例外。许多父母担心孩子会变坏，总是偷偷查看孩子的日记、短信、聊天记录等等，这严重侵犯了孩子的隐私权，会对孩子的心理造成极大伤害，从而导致亲子关系恶化。

本 节 家 教 智 慧

　　现在社会诚信缺失的现象随处可见，人与人之间的不信任，会造成社会的不安。父母和孩子之间也会因为这种不信任，而导致家庭矛盾重重，亲子关系不和善。所以，心理学家呼吁广大父母朋友，要给予孩子充分信任，让家庭生活更加美好。

第三章

你的嗓门越大孩子的成绩就会越差

——记住！孩子的学习成绩不是吼出来的

　　作为父母，应该理智地对待孩子的学习成绩，即便强烈希望孩子学习成绩优异，也要将其深埋在心里，而不是表露在言语和表情上，给孩子施加额外的压力。其实考试成绩不是检验孩子学习好坏与否的唯一标准，父母不应该过于看重分数排名，而忽略孩子的长远发展。

　　孩子学习成绩差，父母批评无可厚非，但不是靠嗓门，而是帮助孩子分析原因、找到提高成绩的办法才是关键。继而以平和的心态，冷静、真诚地与孩子沟通，并尊重孩子的想法，站在孩子的角度考虑问题，不随意打击孩子的自尊心，帮助孩子树立学习的自信。同时与孩子一起制定学习计划，帮助孩子正确处理学习与兴趣的关系，使孩子养成良好的学习习惯，真正掌握学习技巧，感受学习的魅力。

1

理性对待男孩的坏成绩

在许多父母和老师的眼中，学习就是孩子的全部，而成绩则是衡量学习好坏的唯一标准。于是父母对分数的紧张程度超乎想象，一旦孩子的分数没能达到父母的期望，父母往往难以控制自己的情绪，在恨铁不成钢的心态下，愤怒的情绪不受控制地发泄在孩子身上，破口大骂、大吼大叫，使孩子因分数而背负着巨大的压力。

许多男孩的学习尤其令父母担忧，在现实生活中，特别是小学、初中阶段，大部分男生成绩都差于女生，那些成绩单的最底部通常是许多男生的"长期驻扎地"，这种徘徊在底部的分数，极易激怒父母，当这些男孩们将较差的成绩单递到父母面前时，父母往往会"非打即骂"，侮辱的词汇刺激着孩子的神经，简直让孩子抬不起头，更甚者拳脚相加。本来，父母对孩子寄予厚望，这种心理可以理解，但是过度看重成绩单上的分数，简单粗暴的教育方式，并不能改变男孩们的成绩。

冯特是德国著名的生理学家、心理学家，构造心理学派创始人之一，科学心理学的创始人，其在科学界和高等教育界都取得了杰出的成就。然而，青少年时期的冯特，却并非这般模样，那时的他不爱学习也没有才气，整天无精打采，上课时也常常走神，对任何事情都没有兴趣，成绩一直在班里的下游徘徊。冯特读小学一年级的时候，有一次他的父亲来学校看他，看到了他无心学习的样子，联想到冯特每次带回家的可怜的成绩，顿时勃然大怒，当着班里同学的面破口大骂，狠狠地羞辱了冯特。这件事给小冯特的内心留下了极大的阴影，多年以后，冯特依然难以忘记。可是父亲的打骂虽然使小冯特颜面尽失，自尊心受到了极大的打击，却并没改变他的学习状态，也没有提高他的学习成绩，13 岁在布鲁西萨尔上天主教专业学校时，他仍然是一位没有上进心的"白日梦患"。直到几年后父亲去世，冯特失去了生活的经济来源，他才开始思考现实问题，重新正视学业。此时，由于理解了学业的重要性，即使没有父亲"大吼大叫式"的逼迫，冯特的成绩也愈见优异。后来，他在海德堡大学开始学习医学，并于 1855 年医学全国会考中获得了第一名，而后顺利取得了硕士学位，开始了心理学研究生涯。可见，打骂并不能改变男孩们的坏成绩，仅仅依靠"大吼大叫"，并不能真正帮助男孩们认识到错误的根源，除了伤害孩子的自尊心，使父母和孩子的关系变得更糟之外，没有任何益处。

美国心理学家加德纳说："每个学生都拥有不同的智力，由于智力之间的不同组合，才表现出个体间的智力差异。"人们常会发现这样的现象，许多男孩在学习上起步晚于女孩，至于原因，众多的教育学家和心理学家也给出了各种各样的解释，其中一个十分重要的解释就是相比男孩，女孩更加擅长有时限的任务和定时考试。美国一位大学教授曾对 8000 名 2—90 岁美国人进行了调查，研究发现，任一年龄组的男女智商并无明显差别，但当限定任务和时间时，女性表现通常更优秀，特别是在小学和初中阶段。

这是因为，男孩与女孩的大脑构造存在一定的差异。比起女孩优越的言语表达能力，男孩的大脑更多地依赖于空间机械刺激，他们天生对立体图形和运动物体更有兴趣。但是，当前的教育方式多以语言表达为主，所以上课时，许多男孩往往提不起兴趣，从而出现了走神或"如坐针毡"的现象，这也是许多男孩成绩不好的主要原因。

事实上，男孩成绩不好的原因多种多样，而父母的反应却十分一致，期望利用惩罚的手段让孩子获得改进，其结果必然事与愿违。愤怒、粗

暴、挖苦、讽刺，种种不理智的表现，不仅对孩子的改进毫无帮助，甚至还会产生反作用。如何正确对待男孩们的差成绩，是家庭教育的一门重要学问。

（一）善于发现孩子的优点

当孩子将不及格的成绩单递到眼前时，父母请不要大喊大叫，也不要紧锁双眉，而要心平气和地试着在成绩单内发掘一些可以称赞的闪光点，比如"你比上次进步了"、"这道题你已经掌握正确的做法了"、"思路很好，只是下次要注意计算的问题"等，及时给予孩子赞赏和鼓励，同时指出不足，这样既不打击孩子的自尊心，还能增强孩子的信心，从而激发孩子学习热情。

（二）与孩子一起查找原因

失败乃成功之母，不要放过任何一道错题，与孩子一起将错误的原因尽可能详尽地列出，是不会写，是粗心大意看错题，还是计算失误？在追查原因的过程中，父母要心平气和，注意问话技巧，一方面要坚持深入追究，让孩子讲实话，不搪塞，不要接受孩子的"我不知道"、"好像是这样"的回答，要让孩子真正分析原因，作出"合理"的解释；另一方面，父母要谨记不发怒，了解到真正原因后，如孩子上课不听讲、作业不按时完成，也不要过分激动。父母要帮助孩子将不懂的地方弄明白，并总结教训，不在同一个地方跌倒。

（三）指明孩子学习前进的方向

总结教训不足之后，更重要的是要帮助孩子步入学习的正确轨道，改掉坏的学习习惯。同时，父母可以给孩子制定一个短期的学习目标，如"下一次多考5分"、"错误的题目不要犯第二次"、"如果再次出现这道题，不要仍留空白"等。父母要一点一滴地帮助孩子改变坏的学习习惯，促使孩子在不断进步中找回自信。

　　心理学研究成果表明：人在青少年时期可塑性强，潜力无限。无数成功人的成长历程证实大器也可晚成。孩子学习成绩差，也许只是暂时现象。面对坏成绩时，父母们请记住：要把孩子置于成绩的上面，而不是成绩比孩子重要。

本节家教智慧

　　孩子在青少年时期的学习重在打基础，而学习态度、学习习惯、学习技巧是否得当要比考试成绩更加重要。心理学家加德纳曾说："教育的起点不在于一个人有多么聪明，而在于怎样变得聪明，在哪些方面变得聪明。"孩子成绩一时的好坏，父母要客观、理智对待。而不能用考试分数去判断一个孩子的优劣，更不能让孩子只注重分数，成为一个只会考试的书呆子。

2

你的嗓门越大孩子的成绩就会越差

当孩子拿着一份不及格的试卷放在父母面前时，父母会作何反应？许多父母的第一反应都惊人地一致——大吼大叫，并且越说越激动，嗓门越喊越大。当然，父母如此反应不是没有原因的，这吼叫声中，蕴含着父母对子女深深的期盼。每个父母都希望子女能拥有美好的未来，而走向美好未来道路的第一步就是要取得优异的成绩；这吼叫声中，也许还夹杂着父母自身的烦恼与不顺。父母除了照顾孩子，还面临着巨大的工作压力和生活压力，受到上司的指责、期盼已久的加薪升职落空、日常人际交往中复杂的纠纷，种种烦恼积压在心里。这时，一份不及格的成绩单，就如同一个导火索，将父母的情绪瞬间引爆，孩子便成了可怜的替罪羊；这吼叫声中，还反映了父母错误的角色理解和教育方式。许多父母认为，"孩子是自己的，想打就打，想骂就骂"、"父母教训孩子是天经地义的事情"，这种心理导致了父母在日常与孩子相处的过程中，不自觉地把孩子作为自己的下属、员工，随意吼叫，忽视了孩子的感受。

安娜·布鲁诺的父母就是众多"嗓门教育式"父母中的一员，布鲁诺夫妇在年纪很大的时候才有了安娜，从女儿呱呱落地那天起，他们就决定一定要将小安娜培养成有用之才，要考入名校，实现他们未完成的梦想。于是，从女儿牙牙学语时，布鲁诺夫妇便开始教女儿识图、写字、算算术；上学后，他们更是给安娜定下了严格详尽的学习目标，要求每天完成既定的学习任务。整个小学，安娜的成绩一直名列前茅，进入中学后，安娜的学习内容发生了很大变化，然而布鲁诺夫妇仍一直沉浸在自己精心经营的好学生－好父母模式的幻想中，沿用小学的教育模式对待安娜，渐渐地，一种无形的代沟逐渐横隔在父母与女儿之间，但这并没有引起布鲁诺夫妇的注意。直到八年级（相当于国内的初中二年级）的时候，这种情况开始变得严重起来，安娜的学习似乎越来越吃力，成绩排名从前几名迅速下降到中游，有时甚至还处于末端，父母的小学式教育已经不适用，安娜也有了自己的想法，她不再像小学时那样听话，按布鲁诺夫妇安排的作息学习。女儿的行为让布鲁诺夫妇极为忧心，他们和安娜进行了多次谈话，每次都不欢而散，父母和女儿都有各自的想法，谁也说服不了谁，到最后就变成了大声的争吵。最终安娜的成绩越来越差，成绩单上的分数越来越低，父母的脾气也越来越坏，每次考试结束，等待安娜的就是父母劈头盖脸的责骂、嘲讽，他们甚至限制安娜的自由活动时间：不准看电视、不准看漫画、不准唱歌跳舞、不准私自找同学玩、不准参加与学习无关的活动等。在这种状况下，安娜对学习越来越没有信心和动力，甚至产生了厌学心理。安娜在自己的日记里写道："以前很喜欢学习考试，曾经每次回家爸爸妈妈常常夸我是好孩子、好学生，而现在我几乎一无是处，每天面对着父母失望的眼神、愤怒的斥责，还有诸多的限制，我开始不知道学习究竟是为了什么。"

随着女儿的长大，布鲁诺夫妇一成不变的教育方式和不加控制的坏脾气，使得他们之间没有办法进行正常的交流，布鲁诺夫妇听不进女儿的解释，他们认为她只是在为不努力学习寻找借口。这种僵局一直持续着，最终导致了安娜在十年级时的留级危机。老师将布鲁诺夫妇请到了学校，共同分析了安娜成绩下滑的原因，他们一起梳理了安娜十多年的学习经历后发现，安娜由从前的优异生到现在的留级生，除了安娜自身的原因，父母也有着不可推卸的责任。错误的教育方式使得布鲁诺夫妇的期盼没有转化为安娜的学习动力，反而成了无形的阻力，成了安娜学习的负担。尤其是

布鲁诺夫人，每次面对女儿的不知悔改、我行我素，她便怒火冲天，一时激动说了许多违心的冷嘲热讽，既伤害了女儿的自尊心，也进一步破坏了母女的感情，还使安娜产生逆反心理和抵触情绪。和老师谈完之后，布鲁诺夫妇决定重新思考女儿的学习情况，并改变以往的教育方式——克制自己的情绪，努力改变粗暴、吼叫的行为，尽可能地倾听女儿的想法，以鼓励和表扬的方式重新唤起安娜学习的信心。

有一次，安娜的数学又考砸了，布鲁诺夫妇不再像以往一样破口大骂，他们冷静地帮助女儿寻找原因，并鼓励安娜"只要努力，成绩一定会有所改善"、"你的实力不止如此，还有未发挥的潜力等你去发掘"，安娜听后大受感动，并逐渐愿意和父母讨论自己学习上的困难，彼此交流意见，共同寻找解决办法。如今，安娜已经在父母期望的名校中开始了自己的大学生活，每次回想起中学成绩的起伏不定，安娜都不禁感叹：青春期的孩子敏感而脆弱，极其渴望父母的尊重和肯定，学习不顺时，父母的理解和包容是最大的动力。

同安娜的学习经历一样，成绩差是许多孩子在学习上不可避免的问题，然而身为父母，如何对待孩子的差成绩？依靠嗓门显然不能解决问题，甚至会出现嗓门越大孩子成绩越差的现象。只有理解并尊重孩子，帮助孩子找到问题之根本，才是实现差生向优生转变的教育之道。所以，面对孩子的差成绩，父母们应做到以下几点：

（一）调整父母的角色

父母除去父母的身份外，也是孩子的第一任老师、最亲密的朋友，父母的角色应该是父母、教师、朋友三种角色的交融。当孩子成绩差已成事实的时候，父母大吼大叫对改善孩子的成绩起不到丝毫作用，他们能做的就是帮助孩子分析原因，以平等、民主的方式开导孩子，询问孩子真正的想法，是不够努力还是没有兴趣。如果不感兴趣，那么就要弄明白什么才是孩子真正喜欢的。也许孩子还处于一片迷茫之中，但是随着父母与孩子沟通的深入，帮助孩子理顺思路，孩子内心的想法就会逐渐浮现。将父母、教师、朋友三种角色巧妙地结合，良师益友型的父母准能获得孩子真正的想法，赢得孩子的尊重，并使孩子在轻松愉悦的学习氛围中不断进步。

（二）学会等待

对于大多数学生而言，智商上基本是平等的，孩子学习成绩差主要因素并非智力上的不足，而是学习、生活、心理上存在偏差。父母不能因孩子学习成绩一时之差而以偏概全地去批判孩子，给孩子长久地贴上"差生"的标签。父母应该相信自己的孩子，因为成功并非一蹴而就，需要长期的积累；进步并非立竿见影，需要漫长的过程。也许短期内孩子的成绩没有明显的起色，但不要因此就责骂孩子。父母要善于在点滴中发现孩子的努力，耐心地等待孩子的每一次进步，终有一天，量的积累会实现质的飞跃。

（三）懂得赞美自己的孩子

某足球队被教练分成了三个小组进行集训，并在集训的过程中得到不同的心理暗示。每天集训完毕，教练对第一小组的队员大加赞赏，称赞他们表现卓越，是一流的球员；对第二小组的队员则不褒不贬，"表现还可以，但运球速度可以再快一点，步伐要再稳一点"；而对第三小组的队员，教练却进行严厉的批评，指责他们一无是处，难有出头之日。其实，最初分组时，这三个小组成员的素质、能力相当，并无明显差别。但是一个月之后再次进行检测，第一小组获得了最好的成绩，第二小组次之，第三小组最差。这就是赞美的力量。

试着赞美自己的孩子，不需要很华丽的辞藻："今天作业能不用督促

就按时完成，很好！""你的字比上次写的要好得多"……父母一句简单的话语，就会令孩子高兴很久。适当的赞美，不仅能有效地表达父母对孩子的关注和理解，拉近父母与孩子的距离，而且为了不辜负父母，获得更多的赞美，孩子会主动自觉地提高自己的素质。

本节家教智慧

父母面对孩子的差成绩，应该不吼不叫，相信孩子，耐心地等待孩子的进步，以这样的方式表达父母对孩子的爱与期许。因为相信是一种动力，耐心是一种信任，它能使孩子自觉自愿地达到父母们的期许。

3

批评孩子要注意技巧

　　父母和孩子经常生活在一起，就要时时留意自己的言行对孩子的影响。因为父母的言行有时胜过所有的教科书、箴言名句，有着超乎想象的教育影响力。面对孩子的学习成绩，父母一句简单的评价与判定，都会引起孩子学习情绪的波动和学习心态的变化。如果孩子学习成绩差，父母就大吼大叫、厉声斥责等等，这些操之过急的教育方式只会打击孩子的自信，最后结果只能与自己的期望背道而驰。

　　小鹿的成绩一直是草原动物中的佼佼者，从一年级到四年级，他的成绩排名从来没出过前三，这令鹿爸爸和鹿妈妈很满足，把小鹿当作自己的骄傲。可是进入五年级后，情况发生了变化，在五年级第一个学期期中考试的成绩排名中，小鹿一下子跌到了十几名，这给一向成绩优异的小鹿带来了不小的打击，小鹿伤心地拿着成绩单回家，希望能够获得爸爸妈妈的安慰，可是当鹿爸爸和鹿妈妈看到成绩单后，勃然大怒，他们大声地斥责小鹿成绩为什么会下降。小鹿十分苦恼，暗暗下定决心要更加努力学习，重新登上成绩榜的前列。然而，不久后的一次考试，小鹿的成绩仍然不理想，同期中考试相比没有太大起色。小鹿有些灰心了，不知道哪个地方出了问题，是因为压力太大、考试紧张，还是学习方法不对？小鹿感到十分迷茫，甚至开始怀疑自己的学习能力。而鹿爸爸和鹿妈妈的态度更令小鹿感到难过，他们认为小鹿肯定是学习不用功，所以每次小鹿回家，父母就逼迫其学习，一旦小鹿不听话，就大声责骂，对小鹿的表现也是冷嘲

热讽，有时候甚至在其他动物的面前，鹿妈妈也会毫不留情地对着小鹿大吼："成绩这么差，太不争气了，将来肯定没有出息！"听着妈妈这样说，小鹿总是抬不起头，心里很不是滋味。渐渐地，小鹿开始变得沉默寡言，自卑起来，它对自己的学习完全丧失了信心，成绩排名也越见下滑，最后降到了榜尾。

现实中的许多父母亦是如此，当孩子成绩差时，作为父母，不问缘由，劈头盖脸就是吼骂，这种教育方式不但不能改善孩子的学习成绩，而且还会伤害其自尊，导致孩子的成绩越来越差。

其实，只要是懂事的孩子，对于自己的差成绩，尤其是当以往学习成绩优异而突然下降时，必然会产生一种内疚、懊悔和恐惧感，心理负担加重。如果这时候，父母对孩子加以斥责吼骂，他们的内疚和懊悔反而会减轻，孩子们往往会这样认为："我考试是没考好，但是你已经打过了，也骂过了，还想怎么样……"而不会真正从心底反省自己的错误，一次考试风波就这样在父母的吼骂中结束，没有留下任何有价值的东西。当下一次又没考好时，父母再次吼骂，周而复始。当孩子把吼骂视为家常便饭时，吼叫不但对孩子的成绩提高起不到任何效果，反而会降低父母的威信。

孩子的学习成绩差，父母当然应该批评，不过要注意批评的技巧，要既不能伤害孩子的自尊，又能达到改善孩子学习成绩的效果。因而，父母在教育孩子时要注意以下几点：

（一）控制语气

大部分父母在谈到孩子学习成绩时，往往情绪激动、语气严厉，嗓门一声比一声大。父母对孩子学习的重视和着急可以理解，但是这种吼叫式的谈话不但不能使孩子认识到自己的错误，反而容易引起孩子的反感，极易造成孩子的倔强和叛逆；有一些父母也想和孩子坐下来谈谈心，了解其学习状况，帮助孩子分析学习成绩差的原因，但是每次谈话还没进行几分钟，就不欢而散。究其原因，很大程度上是因为父母的语气差。孩子的内心通常敏感而脆弱，渴望能够得到父母的理解和尊重，而不是命令式的口气，强势地向自己灌输父母自以为是的想法。

其实，孩子很会察言观色。语气代表着父母的内心态度，面对孩子的差成绩，如果父母能够用温和、平静的语调帮助孩子寻找原因，指出不足，相信孩子一定更容易接受。因此要想了解孩子的学习情况，父母们应先放缓语气，放平语调。

（二）以理服人

"动之以情，晓之以理，导之以行"，充分说明了从情感、理论、行动的三个层面结合而产生的重要作用。对孩子而言，让孩子明白学习的道理比简单的言语吼叫要有用得多。如果父母十分真诚地运用道理，付诸行动，循循善诱，真正让孩子明白学习的重要性，掌握提高学习成绩的方法，大部分的孩子是愿意听从父母的建议的。另外，父母对孩子说理时，有以下几点需要注意：①说理需要考虑孩子的实际情况，不可泛泛而谈，空泛毫无实质内容的大道理，不仅孩子，大人都难以忍受，如对孩子提学习建议时，不要仅仅强调要努力，可以和孩子一起制定一份详细的作息时间表，学习、休息均限定在一个大概的时间范围内，便于孩子接受和操作；②说理要适度，说理也要适可而止，不能没完没了，说清楚、孩子听进去了即可，多说无益，说得太多反而等于没说，俗话说"好鼓不用重锤"，就是这个道理；③说理讲求时机，父母准备说理时，一定要看对时机，许多父母习惯在孩子玩耍的时候向其强调学习的重要性，孩子不但听不进去，反而极易产生反感、逆反心理。

（三）适当沉默

沉默是另一种形式的对话，所以适当运用沉默的方式去教育孩子，

会取得意想不到的效果。如当孩子考试成绩差时，父母的适度沉默会比开口责骂更有力量，它像一种无形的压力让孩子感到紧张，孩子会自然而然地对自己的过错、不足重新思考一遍，自觉地进行反省悔过。而乱发脾气、大骂一顿，也许可以让孩子乖乖听话一段时间，但这只是"治标不治本"。想让孩子自主认真地学习，不妨适当沉默，给孩子留下自我反省的空间。

本 节 家 教 智 慧

　　孩子学习成绩差，父母对其批评教育理所应当，也十分必要，但要注意方法和技巧，恼羞成怒、大吼大叫，是十分粗暴和错误的教育方式，只会降低批评的效果。因此，对孩子的批评，父母要力求正确和委婉，通过细心的观察、平缓的语调、坦诚的交流和循循善诱的教诲，走进孩子的内心，了解孩子的真正想法，有效改善孩子成绩差的现象。

用榜样的力量引导孩子主动学习

　　著名学者菲尔丁曾说过："典范的力量比教育更能强烈地铭刻在孩子心里。"在青少年心理学研究中，榜样崇拜被认为是人们青少年时期精神生活的重要内容，榜样是自我意识的替代产物，榜样模仿是自我理想形象的塑造过程。由此可以看出，与大声吼叫这种带着威胁意味的方式逼迫孩子"被学习"相比，树立榜样能使孩子自觉主动地学习。因为榜样的力量是无穷的，一位名人的一句名言或一段传奇，也许仅是"只言片语"，却能点燃许多人心中的激情与梦想。同时，榜样能帮助处于青春期的孩子们建构自信，指引他们人生方向。当孩子成年之后，榜样甚至逐渐融入他们的自我意识当中，进一步升华为信仰和理想。并且，有志向的孩子会在榜样中寻找自己将来的影子，并从他们身上汲取能量和动力。

　　确实，孩子把名人作为自己的榜样，就会不自觉地模仿名人的言行举止，努力使自己向榜样靠齐，这种信心与斗志比其他教育方法更容易奏效。榜样的力量不仅引领了无数孩子积极奋进，还被许多专家学者广泛研究探讨。如精神分析心理学家艾里克森对青少年的个体心理社会性发展阶段进行了研究，他认为青少年在从自我迷茫到自我确认的发展过程中，其主要任务是形成自我同一感——关于我是谁、将来想成为谁以及怎样努力成为理想中的人的一系列感觉。如果此时父母能帮助孩子树立一个正确的榜样，就等于是为孩子成长的道路上设立了一个风向标。

　　江山代有才人出，榜样存在于各行各业。榜样可以是历史长河里叱

咤风云、拥有丰功伟绩的伟人，他们或者是杰出的政治家，凭借着超乎常人的坚韧毅力为国家和民族的前途引路，如周恩来的"为中华之崛起而读书"振奋了一代又一代的有志青年；他们或者是卓越的科学家，为探索自然奥秘、提高人们的生活水平而不懈努力，如钱学森、邓稼先激励着我国无数自然科学工作者坚守岗位，默默奋斗；他们或者是睿智的思想家，以丰富的学识和超前的意识在解放人类思想、推动文化进步的道路上引领潮流，无产阶级革命先驱马克思、恩格斯等引领着广大的工人群众为自我利益与权利的实现不断奋斗……当然，榜样也可以是日常生活中身边的人，比如贫困地区边捡垃圾赚学费边读书的孩子，他们让人们了解到学习的珍贵与坚持，他们平凡却不平庸，以一颗不断进取的心和坚韧不拔的毅力向人们展示学习的魅力与真谛。

通过榜样的激励，孩子们不仅意识到学习的重要性，更了解到怎样学习，为什么要学习，理解了学习的真正涵义。所以，想让孩子获得一份好成绩，父母们不妨试试"榜样的力量"。

（一）经常给孩子讲些名人故事

日常休息的时候，如晚饭后的空闲时间，或者是孩子睡觉之前，父母与其和孩子漫无目的地瞎聊，不如给孩子讲一些名人故事。这些故事可长可短，既可以是名人的生平介绍，也可以是他们成长过程中发生的一段小趣闻，这些都可以激励孩子成长。

需要注意的是父母给孩子讲故事时，要学会挑选，所讲的故事要合孩子的胃口，否则只会让孩子感到厌烦，起不到预期的效果。可以根据孩子的兴趣进行选择，如果孩子喜欢历史，就给孩子讲一些古代帝王将相的学习经历；如果孩子热爱足球，就可以给孩子讲一些球星们坚持不懈的足球学习奋斗史；如果孩子对科学好奇，那就多讲一些科学家们的学习趣闻。而且还可以在讲故事的同时，顺便联系一下实际生活，给孩子一些学习暗示，比如"如果是你，碰到这种情况会怎样做？""你也可以像他一样，从今天开始每天做一些……"引导孩子正确模仿榜样的言行。

（二）帮助孩子选择一个正确的榜样

在父母所讲的榜样的故事吸引下，孩子往往会选择榜样。而孩子在选择榜样时，更多的是被其外在形象所吸引，所以日常生活中，孩子们的榜样多为歌星、影星等娱乐明星。随着网络的传播和媒体的不断渲染，越来越多的孩子对古今中外的历史名人失去兴趣，他们关注更多的是周边各种各样的流行明星。中国青少年研究中心发布了一项关于少年儿童的偶像崇拜与榜样教育调查，统计结果显示，如今孩子的榜样有近七成是娱乐明星，包括流行歌手、影视明星、体育明星等，而文学家、艺术家、思想家、政治人物、军事人物均只占3%左右，科学家占2.3%，劳动模范更少，仅有0.4%。所以为孩子在纷繁复杂的信息社会中，选择一个正确的榜样，对于孩子今后的成长发展尤为重要。另外，父母在帮助孩子选择榜样时，尤其要注意以下几点：

1. 不要草率否定孩子的偶像。

几乎每个人从小就有了自己的偶像，并且拥有自己的选择和评价偶像的标准。作为父母，随意指责、草率否定孩子的偶像，会给孩子造成严重的心理伤害。对于现今的学生而言，英俊美丽的身影、幽默自信的表达、精湛独特的才艺……明星们这些闪耀的特质无不吸引着孩子们的目光，成为孩子们选择偶像的主要标准。这些标准在成年人看来也许十分浅薄幼稚；但是对于正在成长期的孩子而言，却是他们十分渴望和向往的。父母对孩子偶像的否定，其实是对孩子部分价值观和判断力的否定。并且一旦孩子确定某一名人为自己的偶像，往往会倾注大量的感情，父母对偶像的否定，对许多孩子而言，好像就等同于否定孩子本身，这样容易加深两代人之间的代沟，造成孩子不敢也不愿意与父母交流。

在这种状态下，父母应理智地看待孩子的偶像。每个时代都有各自的偶像，今天孩子们选择的偶像，同样烙印着这个时代的特点，代表着当下社会的主流价值观，仔细观察现今广受青少年崇拜的文体明星，除了靓丽的外表，还有自信、求新、拼搏、活力、担当等精神元素，这些优良的品质值得每一个青少年学习，粗鲁、过度地干涉孩子崇拜偶像的自由只会使孩子产生逆反心理。此时，父母可以多与孩子谈心，以平等和尊重的心态理解孩子的偶像，而后再适时教授、引导孩子正确崇拜偶像的方法。

2. 和孩子一起深入了解偶像的品质。

有两位在读高中的男生，均十分崇拜篮球明星迈克尔·乔丹，并把其作为自己的偶像。下面是他们将乔丹作为偶像的原因：

男生甲："乔丹是我见过的最具魅力的男性，高大、英俊、威猛、充满活力，在篮球场上，他刚毅的眼神、潇洒的动作、完美的投篮技术，均令人万分陶醉……"

男生乙："乔丹被誉为'篮球飞人'，他勇于拼搏，永不言败，有着强大的气场、卓越的领导能力和高度的团队精神，在他的带领下，芝加哥公牛队6次获得全美篮球联赛冠军，彻底改变了人们对篮球的认识，我认为他象征着美国精神……"

两位男生对同一位偶像进行了不同角度的理解，在心理学上，前一种崇拜方法被称为"表层性欣赏"，即重点关注偶像人物的形象性和流行性，如容貌、身材、服饰、动作等特征，并以此获得精神享受；后一种崇拜方法则是"实质性享受"，即重点关注偶像人物的人格性和气质性，如性格品质、举止风度等，并从中获得精神享受。

两种方法，一个重"表"，一个重"里"，父母们要做的正是让孩子们对偶像的崇拜"由表及里"，多关注人格品质，少看重外貌特征，深入了解偶像的实质，并把他们优秀的品质，如刻苦、勤劳、坚持、进取等精神运用到学习上去，把偶像作为前行的动力。

（三）辩证地看待榜样的行为

孩子对榜样的认识需要父母正确引导。孩子还处于青少年成长时期，是非价值观念均未成型，极易受到他人左右。因为孩子对于名人的崇拜，往往是盲目的，容易把其榜样及其特质想象得完美无瑕，并投以绝对的信任。他们觉得，只要是榜样，其行为就一定是正确的，容不得他人的批判。这是极其危险的思想，如果孩子出现这样的情况，父母们应予以高度的重视，纠正孩子的偏差。众所周知，"金无赤金，人无完人"，人总是有缺点的，榜样也不能避免，榜样的优点，孩子可以学习，但对于榜样的缺点，父母应温和地指出，尤其要注意避免过激的言辞。孔子在《论语·述而》中说："择其善者而从之，其不善者而改之。"对待榜样亦应该如此。

（四）寻找身边的榜样

身边人贴近我们的生活，更容易为孩子们所接受和学习。再则，孩子总有一种争强好胜的心理："他可以做到，为什么我不行？"父母可以适当利用孩子的这种想法，激励孩子做得更好。"三人行，必有我师焉。"生活中的榜样无处不在，父母要巧妙地鼓励孩子寻找他人的优点并加以学习，让孩子学会借助他人的成功经验来提高自我价值。

（五）用榜样的力量引导孩子主动学习

榜样不能仅停留在欣赏层面，父母要引导孩子把对榜样崇拜转化为自己的实际行动，帮助孩子把从榜样那里获得的学习方法和学习品质用于自己的学习实践，把榜样所取得的成绩作为自己的奋斗目标，使孩子向榜样看齐，不断进取。

本节家教智慧

　　父母教育孩子的方法多种多样，运用榜样的力量是其中重要的一种。因为优良的示范是最具有说服力的，树立正确的榜样能使孩子主动自觉地学习。而正处于青少年成长期的孩子由于思想上的不成熟，在面对学习上的压力和困惑时，极易出现退缩、偏激的现象。此时，父母可以为孩子树立一个正确的榜样，作为孩子的效仿对象和奋斗目标，引领孩子战胜学习困难、勇敢面对现实、不断健康成长。

5

成绩单不是学习的唯一评判标准

在当今，分数至上成为了很多人根深蒂固的观念，一纸薄薄的成绩单，既可以把孩子送上天堂，也可以把孩子打入地狱。为了激励孩子学习，许多父母把对孩子的亲疏赏罚与考试分数挂钩，学习似乎只是为了分数。父母接过孩子递来的成绩单，如果是高分、满分，便眉开眼笑，大加赞赏；如果低分、未及格，便乌云密布，大吼大叫……

分数真的如此重要吗？考试成绩真的就等同于学习成果吗？其实，考试只是检验孩子学习情况的一种手段，是对孩子掌握知识程度的一项简单抽查。因为分数并不能代表什么，它既不能证明一个学生真正学到多少知识，也不能证明一个学生的品格和能力如何。更进一步说，成绩只是学习的一部分，在人生的全部过程中，它所占的比例极小。

翻开名人的传记，人们会惊奇地发现，原来众多的名人也曾是"差学生"。在他们各式各样的求学过程中，有着许多差学生相似的经历：懒惰的陋习，顽劣的性情，逃课、迟到、上课不听讲，考试成绩倒数甚至只有个位数……成功的人士并不表明他在学生时代是一个成绩好的孩子。恰恰相反，他可能是一个让众多老师父母头疼不已的"差学生"。

曾任英国首相的丘吉尔就是一个典型的"差学生"。这位叱咤风云的铁血首相童年时的成绩差得一塌糊涂，在小学六年级时甚至还留过级。丘吉尔小学就读于学费高昂的英国第一学府——哈罗公学，可是，他并不认真学习，反而四处捣蛋，由于经常忘记写作业，又喜爱恶作剧，挨批罚

站成为丘吉尔的家常便饭，在学校的一本惩罚记录本上，丘吉尔就榜上有名。他没有耐心啃那些枯燥的拉丁语和自然科学的公式、定理，只对本民族语言方面有着特殊的兴趣，并表现了出众的能力，这令他的学习严重偏科。最悲惨的是在小学六年级，由于成绩实在太差，丘吉尔竟然被学校留了一级，成为一个"丢人现眼"的留级生，同时也被列为学习成绩最差的学生名单中。幸好哈罗公学强调英语写作，这才勉强允许丘吉尔念完本校课程。后来进入阿斯科特地区的圣乔治中学，丘吉尔的学习成绩仍然毫无起色。在一份发黄的1883年的成绩单上，丘吉尔的地理没有及格，丘吉尔的差成绩受到了学校老师的多次警告。而他的父母坚信丘吉尔的智商是优良的，英语写作和演讲也与众不同，学校分数并不能说明什么，成绩不行只能说明学习专业与儿子的兴趣特长不相符。此后，父母丢掉贵族家庭的包袱，将丘吉尔送入一个普通士官学校——桑赫斯特军校，由于竞争压力的减小，以及父母的包容和理解，丘吉尔在这里混得如鱼得水。军校毕业时，丘吉尔的成绩在班上名列前茅。

不仅丘吉尔，我国家喻户晓的文学家郭沫若也是一名"差学生"。作为近代文坛中的大才子，郭沫若在写诗填词、编剧策划、考古、书法等方面造诣颇深。但是若稍微了解一下郭沫若少年时代的读书生涯，便不难发现，少年的郭沫若并非人们所猜想的天才，他一些科目的成绩差得出乎人们的意料。在四川乐山郭沫若故居中还保存着两张郭沫若少年时期的学习成绩报告单，一张是宣统元年5月28日嘉定府官立中学堂所发。当时，郭沫若年仅16岁，中学二年级。成绩单上的分数如下：修身35分，算术100分，经学96分，几何85分，国文55分，植物78分，英语98分，生理98分，历史87分，图画35分，地理92分，体操85分。另一张是四川官立高等中学堂所发。当时，郭沫若已满18岁，刚读完中学三年级第一学期的课程。成绩单上的分数为：试验80分，品行73分，作文90分，习字69分，英文88分，英语98分，地理75分，代数92分，几何97分，植物80

分，图画 67 分，体操 60 分。从以上两张成绩单上的分数可以看出，少年郭沫若显然算不上优等学生。第一张成绩单上修身、国文、绘画均是不及格，平均分为 79 分，还没满 80。第二张成绩单有所改进，但绘画、体操、习字、品行成绩均低于 80 分，地理、植物课也成绩一般，反而是几何、代数等数学方面比较好。如果郭沫若生于今时，恐怕也难逃差生的命运，父母会认为其学习不用功，各科成绩相差太大，甚至要给他分数低的学科进行额外辅导，以提高整体成绩水平。

丘吉尔和郭沫若的学习经历均验证了这样一个事实：成绩单并不能说明什么，孩子隐藏的天赋、特长及潜能都无法体现，如果父母能够正确地看待成绩，不苛求孩子，孩子反而会有由差生转为优生的可能。面对孩子的成绩，父母首先需要明确的是：成绩单不是学习的唯一评判标准。学习的本质不是为了分数。扩大孩子的知识面，教会孩子如何学习远比考试分数要重要得多，对孩子今后的成长也很重要。那么父母要怎样引导孩子的学习呢？以下几点建议可供大家参考。

（一）扩大孩子的知识面

孩子学习知识不应仅仅局限在书本上，父母要努力扩大孩子的知识面，丰富孩子的阅读量。大量的阅读能够辅助孩子对课本知识的理解，使孩子在学习中更加游刃有余，得心应手。丰富孩子的知识面可以从多方面来实现：

1. 鼓励孩子多阅读课外书籍。

课外书籍不仅可以丰富孩子的业余生活，还能扩大孩子的视野，提高孩子的学习能力。孩子由于阅历浅，缺乏对课外书正确的辨别能力，这就需要父母给予适当的指导。如果孩子对阅读缺乏耐心，或者已养成不良的阅读习惯，父母应提高警觉，及时帮助孩子纠正，父母可参考孩子的兴趣爱好帮助孩子有目的地选择课外读物，避免孩子盲目阅读。

2. 多让孩子接触大自然。

大自然是孩子学习的第二课堂，出外游玩对于孩子了解社会、贴近自然、磨练意志，都是教材无法替代的。在大自然中，山峰峻峭、奇石嶙峋、河水淙淙、鸟兽虫鸣、绿草如茵、繁花似锦，这些都可以激发孩子无限的想象力，开阔孩子的胸襟，享受生命的美好，体悟人生的价值。古时"两耳不闻窗外事，一心只读圣贤书"的写照，在当前社会已不再受推崇，不要让孩子过分沉浸于书本，对窗外的世界充耳不闻，而应该多让他们接触自然社会，实现知识的全方位发展。

3. 引导孩子经常参加社会实践。

邓拓曾言："从做学问这件事本身来说，无论是初步追求某一项新的知识，还是是进一步探究事物的本质和发展规律，都必须通过实践、认识、再实践、再认识的过程。"社会实践，可以让孩子学到很多在课本上学不到的东西，并将其与理论知识联系起来，加深对课堂学习内容的理解；还可以培养和锻炼孩子的实践能力，加深孩子对社会的认知，培养孩子的社会责任感。所以，周末或节假日的时候，父母不妨多带孩子参加一些社会实践活动，增加孩子的实践经验。

（2）引导孩子掌握学习的技能

学习也需要技巧。很多孩子不会读书，只知道死记硬背，即使再努力，成绩也难以大幅度提高。有教育专家曾指出："现代社会的发展对'学会学习'提出了越来越高的要求。未来的文盲不再是不识字的人，而是没有学会怎样学习的人。"确实如此，只有学会学习，才能真正提高孩子的成绩。因而，父母不能只督促孩子学习，还应教导孩子如何学习。

那么，父母应该怎样教导孩子"学会学习"呢？

1. 读书需要深思。

自古以来，思考就受到了人们的重视，《论语》有云："学而不思则罔，思而不学则殆。"张载道："万物皆有理，若不知穷理，如梦过一生。"朱熹也言："后生学问，聪明强记不足畏，惟思索寻究者为可畏耳。"为了防止孩子读书硬化，父母应鼓励孩子多思考，当孩子看完一本书后，父母可以坐下来和孩子一起谈谈读后感，交流一下想法，既有利于孩子加深对书中内容的印象，还能帮助孩子读透书中的真正涵义。

2. 读书需要多问。

爱因斯坦曾说过："提出一个问题往往比解决一个问题更重要。因为解决问题也许仅是一个数学上或实验上的技能而已，而提出新的问题，却需要有创造性的想象力，而且标志着科学的真正进步。"只有带着问题读书，才不至于在书中迷失方向。作为父母，要引导孩子探究性地阅读，要使孩子学会独立思考，敢于提出问题，发表自己不同的看法和独特的理解及体验。

3. 读书需要勤练。

读书，只是一种观赏他人的情感和生活体验，只有勤练，才能将他人的学问转化为自己的知识。孩子在看书时，特别是看到十分感兴趣的地方时，父母可以适当引导孩子进行实践，例如当孩子在看一些科学类的书籍时，上面的小实验可以让孩子动手做一做，亲身体验一下其中的奥秘；如果孩子喜欢文学类书籍，可以鼓励孩子自己动手写一写，模仿书中的文笔、构思或者是写一段读后感，依此做到读与练的结合。

本节家教智慧

英国教育家斯宾塞曾经说过："身为父母，不能太看重孩子的考试分数，而应注重对孩子思维能力、学习方法的培养，尽量留住孩子最宝贵的兴趣与好奇心。绝不能用考试分数去判断一个孩子的优劣，更不能让孩子有以此为荣辱的意识。"古往今来，纵观历史上的诸多名人，有许多在学生时代都被贴上"差学生"的标签，然而正是这些被人们所看不起的"差学生"，却在以后的道路上取得了辉煌成就。由此可知，孩子一时的成绩并不能说明什么，它并不能作为孩子学习情况的最终判定。只有广泛的阅读、优秀的学习技能，才是指引孩子走向成功的重要因素。

6

挖掘"差学生"的天赋

　　"差学生"对于学生来说是个十分敏感的字眼，它给孩子贴上了一个有色的标签，顶着这个"头衔"的孩子们身上增加了一股无形压力。"差学生"也是众多父母十分头疼的字眼，它意味着父母们脸上无光，望子成龙的期许也如竹篮打水般成为泡影。面对"差学生"的事实，大部分父母都无法接受，只要抓到机会就会对着孩子大声斥责："怎么这么差？""笨死了！""真是丢人！"等等，各种或讽刺或挖苦或愤慨的话语，加重着孩子们的心理负担。

　　难道孩子真的差劲到底，无药可救了吗？难道成绩差就要忽视孩子的其他方面吗？素质教育要求德、智、体、美、劳全面发展，而在现实生活中却被一纸成绩单全盘否定。实际上，分数仅仅是一把机械式衡量的尺子，它既检验不出孩子真正的智商，又无法探测孩子潜在的才能天赋。

　　巴勃罗·鲁伊斯·毕加索是世界上最具影响力的现代派画家之一，他的作品对现代西方艺术流派影响巨大，为二十世纪的艺术史增添了浓墨重彩的一笔，是"人类艺术史上罕见的天才"。然而令人不敢相信的是毕加索曾经就是一名差生，他的成才正得益于其父亲的包容与理解。

　　少年时期的毕加索就已经展示出与众不同的艺术天赋，周围的邻居们均为他惟妙惟肖的剪纸和绘画作品惊叹不已，直呼其为天才。然而，这个天才在入校学习的时候却"碰了壁"，上课对于毕加索而言简直就是折磨，他不是漫无边际地幻想不知神游何处，就是对着窗外的大树和树上叽

叽喳喳的小鸟看得津津有味，对老师的讲课置若罔闻。他似乎永远学不会枯燥无味的算术。一天，他无奈地对老师说："一加一等于二，二加一等于几，我脑子里根本就没办法去想。不是我不努力，我拼命地想集中自己的注意力，可就是办不到。"于是，老师认为毕加索智力低下，断定其无药可救，他经常在毕加索的父母面前毫不留情地描述着毕加索的"蠢样"，毕加索的母亲听后又羞又恼，对着他不断吼叫，再也不赞赏毕加索的绘画。她对毕加索怒吼道："算数都不会，只能画几幅画有什么用？"
与母亲的态度截然不同的是，毕加索的父亲仍然坚定不移地相信：孩子虽然不会读书，但是绘画极有天赋。父亲给予毕加索充分的理解和赏识，他对毕加索说："不会算术并不代表你一无是处，你依然是个绘画天才。"望着父亲坚毅的面孔和肯定的目光，毕加索终于从老师和母亲的打击中找回了一点自信，渐渐投入绘画，忘记了功课方面的差成绩。但是，由于成绩没有丝毫改善，嘲讽并没有就此停息，尤其是母亲愈加激烈的吼叫，给毕加索脆弱的心灵蒙上了阴影。毕加索变得沉默寡言，不愿和同伴们一起玩耍，如果没有父亲的鼓励，毕加索甚至没有面对生活和学习的勇气。父亲每天送毕加索上学，将画笔和绘画的模拟物放在课桌上，再接他回家，父亲成了儿子强有力的心理依靠。作为"差学生"，毕加索常常被老师留下来，父亲却没有责备他。面对空空的教室和板凳，毕加索不再沮丧，因为父亲的包容和理解，毕加索每次都会带上一叠纸，在那里自由地绘画。尽管仍是"差学生"，仍然不会算数，但由于父亲的"不吼不叫的家教智慧"，并积极地挖掘儿子的天赋，毕加索终于在绘画里闯出了一番天地。

由此我们可以得知：挖掘孩子的天赋，包容和理解自己的孩子，并不是一味地容忍孩子一错再错，也不是盲目地溺爱，而是倾听孩子的心声，了解孩子真正想要的、真正适合的。要知道世界上既没有毫无缺点的孩子，也没有一无是处的孩子，只有不会发现孩子优点的父母。就像毕加索那样，也许功课不好、不会算数还爱幻想，却拥有令人欣喜的绘画才能。如果父母恨铁不成钢，以恶言恶语、大吼大叫来对待孩子，只会抹杀孩子的潜能，给孩子心灵留下难以愈合的创伤。就子女而言，父母是孩子在成长期最重要的依靠，父母不经意的一句话，可以照亮孩子的一生，也可以将孩子推向深渊。父母的语言和态度就是具有着这样强大的力量，于是，毕加索的父亲在关键时刻拯救了毕加索，使得毕加索在不会算数、受尽嘲讽的环境里仍能坚持绘画；毕加索扬儿子之所长，避儿子之所短，才还给儿子一个快乐的学习生活。

所以"差学生"也可以转变为"好学生"，只要父母有心，用对方法，每一个孩子都有适合自己的成长方式。

要挖掘孩子的潜能，父母首先应做到以下几点：

（一）给孩子尝试不同事物的机会

在现今的教育体制里，许多学科都得不到重视，人们关注的往往是语文、数学、英语三大主科，自然科学、音乐、绘画等许多十分重要的学习内容只不过是选修课的地位，孩子在学校的学习内容完全按照考试的要求设定，不需要参加考试的科目，父母们也往往持忽略漠视态度，甚至干涉孩子们自由学习选择。殊不知，"语数外"里的"差学生"也许是绘画天才、科学能手、体育健将。其实，考试内容只是学习的一部分，父母们不要以成人的眼光过早地把孩子的学习定位在最后的成绩排名和分数上，让学习变得功利化，应给孩子提供在多种领域尝试的机会和条件。也许孩子不擅长主流学科，但他可能对其他领域感兴趣。而兴趣是最好的老师，在孩子喜爱的领域，其自信心和学习热情会得到极大的激发，甚至会带动其他学科成绩的提升，达到事半功倍的效果。

（二）了解孩子的兴趣所在

许多父母对孩子的教育，多是自作主张的选择，灌输自以为是的价值观，甚至把自己未实现的愿望或理想强加在孩子身上，而不去考虑孩子真

正想要什么。

父母讲主观意志强加给孩子，这对他们的健康成长极为不利。父母们应主动了解孩子的兴趣所在，观察记录孩子的日常表现，以积极的态度，尽可能多地观察孩子的优点和长处，并引导孩子把兴趣转化为动力。也许孩子的兴趣跟考试无关，父母不要因此就加以打压，要进行正确的引导，在学习和兴趣之间作合理的时间安排，实现二者的平衡。其实，适当地培养孩子的兴趣爱好有助于学习的提高，而且，有的兴趣也许会成为孩子今后的职业，所以，父母不要随意抹杀孩子的任何潜能。

（三）紧跟孩子发展的步伐

现代家庭中，父母和孩子普遍缺乏沟通，年龄阅历的差异、工作繁忙无暇交谈等等。种种因素不断地加深了父母与孩子之间的代沟，而处于青春期发育的孩子，想要摆脱父母束缚的心理更使孩子与父母的沟通之门紧闭。而且，孩子由于年龄、生理、心理的特点，往往更容易快速地接受社会发展的新鲜事物，想要知道孩子们在想什么，父母必须对新事物有一定的了解，这样才能和孩子有讨论的话题。父母只有毫无偏差地接受来自孩子的信息，才能正确判断孩子的潜力才能之所在。

本 节 家 教 智 慧

即使这个世界上所有的人都认为你的孩子不行，身为父母也千万不能这样认为，更不宜不顾孩子的自尊心，动辄对孩子大吼大叫。所谓的"差学生"也许只是不能适应当前的应试教育体制，他的潜能正等着父母们去挖掘，不要因为功课差而抹杀了孩子其他方面的天赋。父母应该试着理解孩子、包容孩子，用心倾听孩子的内心，那么，"差学生"也能变成"好学生"。

7

正确看待孩子的偏科

　　偏科在学生中已成为一种普遍现象。据成都《天府早报》报道，成都教育考试学院有关部门对成都部分初三学生进行的学习生活抽样调查显示，学生偏科现象严重，77.4%的初三学生承认自己偏科，其中，25.4%的学生认为自己"偏科严重"，只有不到25%的学生表示目前"没有偏科"，而且乡村中学生偏科现象更是远远超过城市。在进一步询问偏科原因时，"对所学学科没有兴趣"所占比重最大，为43.75%，还有一些学生对偏科存侥幸心理，寄希望于以强科补弱科。

　　偏科的直接后果就是拉低总成绩，即使某些科目学得再好，只要有一门劣势，排名总是难以靠前。因此，孩子偏科，是令父母十分头疼的事情，父母们对于偏科的孩子往往也反应十分激烈。这就致使许多偏科的孩子都有了这样的烦恼："每次拿着成绩单回家，虽然数学考得很好，但是妈妈只要一看到英语没有及格，就开始恼怒起来，对着我又吼又叫：'光数学好有什么用，英语差成这样！'紧紧盯着英语不放，完全忽视我的数学成绩。"面对孩子的偏科，训斥、责骂进而找家教补习是许多父母通常的做法，但是似乎效果不佳；更有甚者，因为父母逼迫太紧，反而使孩子的偏科现象更为严重。

　　美国著名的教育家、演讲家斯托夫人也遇到过孩子的偏科问题，但是她凭借恰当的教育方法巧妙地纠正了女儿维尼夫雷特的偏科。

　　斯托夫人在给女儿进行启蒙教育时发现，在所有的学科中，没有比数

学更难让女儿产生兴趣的学科了。尽管斯托夫人通过游戏的方法使女儿学会了数数，又模拟买卖游戏教会了女儿数钱，但是，面对乘法口诀，她用尽方法也没能使女儿学会。此时女儿维尼夫雷特仅5岁，依靠死记硬背显然行不通，于是斯托夫人将乘法口诀编成歌词，以说唱的方式来教女儿，但是女儿每次只记得开头两句。渐渐地，女儿对乘法口诀出现了抵触心理，开始厌恶数学。这令斯托夫人十分担忧，她感到女儿的学习出现了严重的偏科：5岁的维尼夫雷特已经能够熟练地运用8国语言，在报刊上发表了众多的诗歌和散文，神话、历史和文学方面的学习已相当于普通初中毕业生的水平，虽然文史学习十分优异，但却不会乘法口诀。斯托夫人对女儿的培养理念是各学科均衡发展，在她眼里，只有全面的发展才能使女儿在成长中获得真正的快乐。显然，当前维尼夫雷特的学习状况与斯托夫人的教育理想不符。尽管斯托夫人为此很苦恼，却并没有责骂女儿，逼迫维尼夫雷特死记硬背。因为斯托夫人明白强制式教育是无用的，甚至会扭曲孩子的性格。

女儿不爱数学的情况一直没有得到改善，直到有一次，为了宣传世界语的优越性，斯托夫人带着女儿去位于纽约州的肖特卡进行演讲，在那里偶遇芝加哥斯他雷特女子学校的数学教授洪布鲁克女士，斯托夫人终于找到了解决女儿偏科问题的方法。斯托夫人向洪布鲁克教授说明了情况，洪布鲁克教授一下就找到了维尼夫雷特偏科的症结所在。洪布鲁克教授认为，斯托夫人用了错误的教学方法，他表示："维尼夫雷特虽然对数学不感兴趣，但这并不意味着偏科，因为你的教学方法，不能使她对数学感到兴趣而已，并且维尼夫雷特不爱数学，在很大程度上是受到你的兴趣偏好的影响。因为你自己喜欢语言学、音乐、文学和历史，所以在教导女儿时，总能找到有趣的方法，维尼夫雷特就会产生兴趣，用心去学；然而对于数学，你自身就不喜欢，自然很难带着愉悦有趣的教学心态，所以维尼夫雷特也会因此提不起兴趣。"接着，这位杰出的数学教授十分热情地传授给斯托夫人一套学数学的方法，从而十分有效地改善了维尼夫雷特的数学学习状况。

根据洪布鲁克教授的建议，斯托夫人首要目的是让女儿对数字产生兴趣，例如，可以借助日常生活中的周边事物进行各种趣味比赛：把纽扣放在纸盒子里，每人抓一把，数数看谁的多；或者吃葡萄时，数一下它们的种子；或者剥豌豆时，让女儿看看每个豆荚里有几粒豆子。另外，斯托夫人还买来了骰子，与女儿经常玩掷骰子的游戏。游戏规则如下：准备两个骰子，一起抛出，如果出现数字3和4，就把3和4加起记7分；如果出现数字2和4或3和3，就记6分，并有重掷一次的权利。把每次所得分数分别记在纸上，掷3次或5次之后计算总分，决定胜负，维尼夫雷特非常喜欢这类游戏。并且，斯托夫人谨记洪布鲁克教授的提醒，每次玩游戏时间不超过一刻钟。因为数学游戏十分费脑，对于一个5岁左右的小女孩而言，一次超过一刻钟就会感到疲劳。这样的游戏玩了两三周之后，斯托夫人开始调整游戏规则，骰子数由两个变为3个、4个，最后达到6个。运用这种方法，维尼夫雷特就在愉快的游戏氛围中不知不觉地对数学产生了兴趣。更复杂的游戏和数学运算可以依此类推，直至女儿完全熟悉九九乘法表。为了使维尼夫雷特了解数学的实际用途，斯托夫人还经常同女儿模拟商店买卖情景。所卖物品用数量或分量来计算，价格均依照实际生活中的价格标注，交易的钱也是真正的货币。斯托夫人到女儿经营的"商铺"买东西，并支付现金，维尼夫雷特也按价格表给妈妈找零。此外，当维尼夫雷特帮助家里干活或努力学习时，斯托夫人还会支付一些零用钱给她作奖励。维尼夫雷特将这些钱以及从杂志社和报社领取的稿费收集起来，以自己的名义存入银行，学习计算利息。通过这些有效的方法，不久，维尼夫雷特就对数学产生了浓厚的兴趣，并顺利完成了之后代数和几何的学习。

面对孩子的偏科，父母们应像斯托夫人一样找到孩子偏科的原因，并对症下药，帮助孩子走出偏科的困境，而不是以斥责、吼骂的方式逼迫孩

子。一般而言，孩子出现偏科有以下几个方面的原因：

（一）老师方面的原因

许多孩子，尤其是小学生和初中生，往往根据对老师的喜爱程度来学习各个科目。当喜欢某一科的老师时，上课就格外地认真听讲，并主动按时完成作业，考试成绩也高；当不喜欢甚至讨厌某科目的老师时，就会在课堂上开小差、调皮捣蛋甚至迟到旷课等，作业也不按时完成，考试成绩自然也差。这种以老师为学习动力的孩子，极易出现偏科现象。

（二）孩子自身的兴趣

众所周知，兴趣影响孩子学习的质量，孩子通常重视感兴趣的学科，而轻视无兴趣的学科。当孩子对某一学科特别感兴趣时，学习热情高涨，即使长时间地钻研也不感到厌烦和疲劳；当对某一学科没兴趣时，从开始学习就不能很好地进入状态，也不愿意多花时间，学一会儿就感到枯燥无聊、坐立难安。长此以往，感兴趣的科目越来越强，也就越来越感兴趣，没兴趣的科目越来越差，也就越来越提不起兴趣，这样就出现了恶性循环。

（三）家庭教育的影响

每个家庭都有其独特的文化氛围、父母偏好以及父母职业等，也容易成为诱发孩子偏科的重要原因。于是生活中常常会出现这样的现象：出身书香门第的孩子往往有着深厚的文学素养和功底；音乐世家里的孩子很小就能识谱，欣赏或弹奏乐器；父母从事体育工作，而孩子往往体格强健，热爱运动。这是因为在日常与孩子的互动过程中，父母会不自觉地将自己的喜好、想法灌输给孩子，并通过言传身教的方式潜移默化地使孩子的品味向父母靠齐，这种方式比单纯的说教更有影响力。例如一个从事统计工作的父母每天向孩子强调英语的重要性，但是自己从不接触与英语相关的事物，整天与数字、方程打交道，这样如何令孩子信服，如何令孩子关注英语？

了解了孩子偏科的原因，父母们就可以从根源上入手，逐步改正孩子的偏科情况。

（一）树立正确的学习观

学习，不是为了获得他人的表扬，更不是为了老师，真正的热爱学习是对知识本身的兴趣与渴望，是为了实现理想而打牢根基。孩子因为不喜欢老师而放弃某一学科，是极其愚蠢幼稚的行为。要明白老师是孩子学习道路上的传课授业解惑者，父母要让孩子理解老师、接纳老师，消除孩子对老师的偏见和抗拒心理，不要因为一位老师而毁了一门功课，否则最终损失和后悔的将是孩子自己。

（二）鼓励孩子深入钻研感兴趣的学科

一般面对孩子的偏科，父母往往只重视孩子的弱势科目，而忽略孩子的优势科目，只要孩子出现劣势学科，哪怕其他学科学得再好，父母也视而不见。然而，孩子取得好成绩，总希望获得父母的赞扬，若父母只看到低分，完全漠视孩子的努力，这样会严重打击孩子的学习信心。孩子感兴趣的学科，通常也是孩子分数较高的学科，对其给予肯定不仅能够提高孩子的总体成绩，还可以让孩子体验到学习的快乐，这有助于增添孩子的自信，激发孩子的学习热情。而且从长期来看，孩子感兴趣的学科有可能就是孩子以后从事的就业方向。因此，如果孩子有感兴趣的学科，父母应鼓励他多接触、深挖掘，做到精益求精。

（三）激发弱势科目的兴趣

关于弱势学科，除了极少部分的学生是因为智力因素，大部分的孩子可能是无兴趣所致，因此，激发孩子弱势学科的兴趣是提高孩子弱势学科的成绩、改变孩子偏科现状的关键。但父母必须明白，兴趣的培养并非一蹴而就，它需要父母长期有意识地引导和灵活多变的教育技巧，并且应避免枯燥的说教。以下几种方法可供父母们参考：1. 目标刺激法。把学习内容进行目标分解，制定总目标和阶段性的分目标，刚开始可以放低要求，每天进步一点点，逐步提升孩子的学习兴趣。2. 科目相关法。可以利用优势科目进行引导。任何一门学科都不是独立存在的，各学科之间有许多相互关联的地方，找到学科之间的关联点，也能激发孩子的学习兴趣。如孩子喜欢语文而讨厌英语，父母可以引导孩子看一些他感兴趣的外国文学原著，使孩子在读故事的过程中不自觉地提高英语水平。3. 游戏法。如上文中的斯托夫人一样，通过做游戏的方法使孩子在快乐中找到学习的兴趣。

（四）营造家庭学习氛围

父母与孩子一起学习，通过自身的言行为孩子做表率。古人云："近朱者赤，近墨者黑。"如果父母每天下班回家打牌搓麻将，从不看书看报；或者由于工作或爱好的关系，仅看与自己工作相关的某一类资料，如何说服孩子均衡发展？所以当孩子某门科目较弱时，父母可以有意识地在生活中多添入一些有关这门学科的因素，在细节中改变孩子对弱势学科的偏见，如针对孩子的英语不足，父母看电影、听音乐可多选择一些英语方面的，让孩子时时刻刻学习英文。这样一来，英语又怎么会得不到提高呢？

本 节 家 教 智 慧

　　著名的木桶原理告诉了人们偏科的危害：一只沿口不齐的木桶，它盛水的多少，取决于木桶上最短的那块木板，而非最长的。一个孩子的学科综合成绩就好比一个大木桶，每一门学科就是组成这个大木桶的不可缺少的木板。只有当各科均衡发展时，孩子才能取得优异的成绩。因此作为父母应该谨防孩子的偏科，及时提醒、有效引导，激发孩子对弱势科目的学习兴趣。

8

帮助孩子合理处理兴趣与学习的关系

　　爱玩是孩子的天性。打游戏、踢足球、唱歌跳舞，沉迷于这些兴趣的后果就是迟到、旷课、不能按时完成作业、成绩单上的分数越来越低等等。本来，孩子拥有自己的兴趣爱好是好事，但是因为兴趣占用太多的学习时间，或者干脆为了兴趣将学习抛诸脑后，会带来严重的后果。还有，许多父母对于孩子的兴趣爱好，特别是与学习无关的兴趣，往往采取干涉、阻挠、封杀的态度，比如孩子放学回家后不再乐于学习，于是父母们便马上大声吼叫，斥责其赶快学习。

　　通常人们都有这样的经验：对自己感兴趣的事情会格外在意，做起来也格外认真，效率自然也高。这是因为兴趣有利于提高人们的自信，丰富人们的生活。当孩子有了自己的兴趣时，或许是对某一学科感兴趣，也或许他的兴趣与学科无任何关联，不管是哪一种，如果父母对他的兴趣采取封杀的态度，逼迫其只准学习，这样一来叛逆反抗的种子就会在孩子的心里生根发芽。所以正确处理好兴趣与学习的关系，对孩子的成绩至关重要。

　　安迪是德克萨斯州一个聪明的小男孩，从小酷爱足球，每次和人谈起足球时都滔滔不绝、如数家珍。安迪16岁的时候，身高已接近1.80米，体重也达到80公斤左右，身强体壮，四肢矫健，拥有一副天生踢足球的好身板。实际上，安迪的足球的确踢得不错，经过长期的不断钻研和努力练习，安迪一直是学校业余足球队的队长。可是，安迪的父母却并不希望

安迪将来把踢足球作为自己的职业，而是希望儿子能够考取大学，像父亲
一样做一名医生。于是，父母千方百计地阻止安迪去踢足球。每到周末或
节假日，父母轮流在家陪着（监视）安迪。命令其学习文化课，如果安迪
不听话，就大声责骂，并拿安迪的差成绩狠狠地"教育"他，长此以往，
安迪和父母之间渐渐产生了对立情绪，安迪的逆反心理也越来越严重，结
果安迪的学习成绩不但没有提高，反而直线下降。安迪的父母为此十分恼
怒，变本加厉地责骂安迪，不准安迪踢球。

　　直到一次家访中，安迪的父亲和老师谈起了这件事，希望老师能够帮
助父母劝说安迪放弃足球，努力学习。老师听后，沉默了一会儿，便对安
迪的父亲说："孩子热爱足球，作为父母，不应该简单粗暴地对他横加干
涉，否则非但对他的学习无益，还容易引起孩子的逆反心理，更不利于安
迪的学习。"老师建议说："作为父母，应该掌握孩子的心理，引导孩子
合理处理业余爱好与文化课学习之间的关系。"父亲听后豁然开朗，决定
改变教育方法。与父亲谈完后，老师又找到安迪，对他说道："踢足球也
需要科学文化知识，你对足球那么了解，应该知道巴西的球星苏格拉底还
是一名医学博士呢！作为学生，要以学业为主，即使你将来想从事足球行
业，也需要考体育学校，需要文化课成绩。所以现阶段你只有好好学习，
才能实现踢足球的梦想。"老师的这次家访给安迪父母和安迪带来了全新
的改变，安迪父母不再随意对安迪吼叫，而是同安迪一起制订了一份详细
的学习计划，为踢足球和学习分配合理的时间。并且，安迪父母也不再反
对安迪踢球，开始理解和支持安迪的兴趣和理想，有时甚至会观看安迪
的足球比赛。由于正确处理好了课外学习和兴趣之间的关系，安迪顺利考
入当地的体育学院，并被招入大学校队，代表学校参加了不少大学生足球
联赛。

　　安迪的成功告诉人们，正确处理好兴趣与学习的关系，会使兴趣成
为孩子学习的动力。作为父母，当孩子因兴趣而荒废学业时，不应一味斥

责，而应加以引导，从而实现学业与兴趣的双赢。

父母在引导孩子时，尤其要注意以下几点。

（一）不要以成人的眼光评价孩子的兴趣

面对孩子对兴趣的沉迷，经常会听到父母们类似这样的诉苦："整天只知道打篮球，不让他打球、看球，就和我顶撞，发脾气，英语成绩那么差，给他报了个补习班竟然给我旷课，怎么这么不懂事！"诚然，许多父母的确为了孩子的学习用心良苦，绞尽脑汁，各种补习辅导再加上限制孩子自由发展兴趣，以期望孩子学习能有所提高，结果却适得其反。为此，父母们不要用自己的眼光来看待孩子的兴趣，认为兴趣与学习无关就应该放弃，完全不考虑孩子的感受。实际上父母的想法不等同于孩子的想法，不能强硬地将父母喜欢的事物塞给孩子，父母不喜欢的事物就强迫孩子也舍弃，而应该尊重孩子的兴趣，站在孩子的立场重新审视孩子兴趣的价值，并通过正确地引导使得孩子的兴趣和学习得到同步发展。

（二）引导孩子延伸自己的兴趣

大部分孩子的兴趣都还停留在玩的层面上，比如男孩子的足球、篮球、游戏，女孩子的唱歌、跳舞等等，如果掌握不好，极易因为兴趣而耽误学习。此时父母可以像安迪的老师那样引导孩子："如果你想继续踢球（或唱歌等），那么现阶段你就应该好好学习，努力考上理想的学校，才能保证今后可以顺利安稳地做自己想做的事情。"另外，父母应当提醒孩子，在学习阶段，兴趣不要太宽泛，否则容易挤占学习时间，适当培养一到两个即可。

（三）让孩子明白兴趣与学习的主次地位

许多父母之所以遏制孩子的兴趣，是担心孩子过分沉迷于兴趣，导致学习时间被兴趣所占据，继而出现玩物丧志、失去对学习的兴趣等现象。所以，父母可以把自己的真实想法告诉孩子，让孩子明白兴趣、学习谁是第一位，而不是命令或武力式地强硬逼迫孩子放弃兴趣。而应该让孩子明白，当前自己还处于学习知识的重要时期，学习是实现未来梦想的基石；告诫孩子学习与兴趣的关系，要分清主次，在目前的学习阶段，应以学习为主，兴趣为辅，不能本末倒置；还要懂得取舍，鱼与熊掌不可兼得。如果学习与兴趣发生冲突，作为学生，只有保证学习，才能更有底气、更放心地去发展兴趣。

（四）寻找学习与兴趣之间的结合点

在帮助孩子处理学习与兴趣之间的关系时，父母可以采用兴趣迁移法，孩子对学习没有兴趣，而对某项活动有兴趣，可利用某项活动兴趣，迁移到学习上来。比如学生不爱学数学，但喜欢玩电脑游戏，父母可以寻找一些有关数学的电脑游戏，适当让孩子玩一会儿，也许孩子投入进去，就会对数学也产生兴趣。

（五）养成良好的学习习惯

父母要督促孩子养成良好的学习习惯，按时完成作业，不逃学、旷课、迟到、早退，学会约束自己的行为。具体而言，父母可以帮助孩子制订学习计划，引导孩子合理科学地安排作息时间，不要把时间全部用在学习或爱好上，而应该合理安排、合理分配，不顾此失彼、得不偿失。孩子精力充沛的时候抓紧学习，学习累了可以适当进行自己的兴趣爱好，这样劳逸结合，既能提高学习的效率，也不至于使学习过于枯燥无聊。总之，只要安排得当，学习和兴趣爱好就能实现两不耽误。

本节家教智慧

　　学习与兴趣是孩子生活中不可缺少的两个重要部分。父母为了学习而遏制孩子兴趣爱好的发展，是相当不明智的做法，这样不仅不会使孩子的成绩得到提高，反而容易使孩子产生逆反心理。作为父母，应当帮助孩子正确处理学习和兴趣之间的关系，尊重孩子的兴趣爱好。在此基础上，父母应教导孩子分清主次，以学习为主、兴趣为辅，让孩子明白只有打牢学习基础，才能在未来的道路上专注于自己的兴趣。

第四章

纠正孩子的错误不是比谁的嗓门大

——孩子犯了错既不能吼也不能叫

孩子在成长的过程中，总会犯这样或那样的错误，而父母在面对孩子的这些错误时，常常气急败坏，对孩子大吼大叫，好像只有这样孩子才能明白自己哪儿错了。殊不知，正是因为这样，才导致孩子越来越叛逆，父母的话也不再听从。物极必反，说的就是这个道理。

每个人都是从不断的犯错中不断进步的，所以父母要理智对待孩子的犯错。既不能吼，也不能叫，顺其自然，给孩子一个犯错的机会，孩子才能不断积累经验，不断成长。有时候，父母也会犯错，对于自己犯的错，父母更要勇于承担，给孩子树立榜样，让孩子学会明辨是非，养成知错就改的好习惯；对待孩子的犯错，父母要懂得如何积极地引导孩子纠正错误，而不是大吼大叫地责骂孩子。

1

不要大吼大叫，没有不犯错的孩子

  每个人都是从孩子一步一步成长起来的，犯错是难以避免的，关键是看你怎么对待。许多父母在和孩子相处的时候，往往会因为孩子犯错而烦躁不已，孩子越是不听话，父母越是生气，所以父母常在孩子犯了错的时候对孩子大吼大叫。殊不知，正是因为这样才导致孩子对父母越来越冷淡，不再亲昵，渐渐地就会对父母产生误解，留下心理阴影，甚至开始反抗，这令很多父母头疼不已。教育专家认为，孩子在进入青春期后，逆反心理会越来越明显，从前被父母束缚太多，但随着青春期的到来，逆反心理使孩子开始我行我素，不再服从父母管教，导致亲子关系严重恶化。

  确实，很多孩子十分贪玩，上课也不认真听讲，总是和同学讲话，父母们常常为此头疼不已。而大多数父母对孩子苦口婆心的劝说失败之后，都会对孩子大吼大叫，认为只有打骂之后孩子才会听话。其实不然，这种大吼大叫的教育方式往往收效甚微，孩子可能会因你的严威而变得听话，但那只是暂时的。长久下去，孩子会对父母产生怨恨，以为父母不爱他们，然后变得更加叛逆。所以，当父母抱怨孩子不听话时，不妨好好反省下自己，是不是自己的教育方式出了问题。要知道，天下没有不犯错的人，每个人都是从错误中一步步成长起来的，犯的错越多，孩子收获得越多，才能有进步的空间。

  诚然，每一位父母都希望自己的孩子是个优秀的人，能乖巧懂事，不让父母操心。可是，并不是每个孩子都能达到父母的期望，所以父母在面对孩子犯错的时候，常常就会怒火上涌，只顾自己的感受对孩子大吼大叫，往往忽略孩子的想法，也许孩子也在懊悔，可因为自己的责骂令他们觉得父母不为他们着想，与父母产生隔阂，使亲子关系陷入危机。毋庸置疑，纠正孩子的错误不是靠嗓门大，更不能采取大吼大叫的教育方式。

美国前总统罗斯福的儿子詹姆斯，在很小的时候有一次跟随父亲去姨妈家玩。大人都在客厅讲话，姨妈家的小儿子吵着要吃冰激凌，父亲和姨妈、姨夫在客厅里没顾得上，就让詹姆斯和姨妈家的大儿子带着弟弟去厨房自己拿。他们到了厨房，拿到了冰激凌，没想到等詹姆斯他们兄弟三人一行出来，詹姆斯不小心撞到餐桌上，使一只外观精美的高脚玻璃酒杯掉到地上摔碎了。那是姨夫最爱的酒杯，每次来到姨妈家都可以看到姨夫细心擦拭，生怕染上一点污渍。三个孩子面面相觑，都不知如何是好。大人们听到声音后急忙赶来，看到一地的碎片，明白了是怎么回事，问："是谁打碎的？"姨妈家的两个孩子立马摇头，异口同声地说："不是我。"詹姆斯因为害怕，稍微犹豫了一下，也立马跟着说："不是我。"罗斯福轻轻地望了儿子一眼，很快就观察到儿子神情的变化，马上就明白了是儿子打碎了酒杯，但并没有当众揭穿他。后来从姨妈家回来，罗斯福既没有表现很生气的样子，也没有再次提起这件事情。因为他希望儿子能主动承认错误，改过自新。

父亲的这种"冷处理"的处罚方式，让小詹姆斯受尽了折磨。但罗斯福依然沉默着，并不时通过妻子暗示孩子，犯了错而不主动承担责任的人，就连父母都不会信任他。小詹姆斯很是担忧，每天提心吊胆地生活。终于有一天，小詹姆斯再也忍不住了，他哭着来到父亲面前，把事情的来龙去脉都跟父亲一一坦白，承认自己做错了，并乞求父亲的原谅："爸爸，我错了，您会原谅我吗？您还会相信我吗？"罗斯福欣慰地一笑，高兴地对孩子说："傻孩子，爸爸就等着这一刻呢，知道自己做错了，并勇敢地面对它，以后才不会再犯相同的错误。每个人都会犯错，重要的是

要知道自己错了并有勇气来承担责任,这才是值得骄傲的。爸爸怎么会不原谅你呢?詹姆斯,爸爸还会像以前那样信任你,爱你。"直到詹姆斯长大,依然记得爸爸对他的教诲,并一直躬行践履。

罗斯福无疑是个好父亲,在孩子犯了错的时候,不是对他厉声责骂,而是通过冷静处理的方式来教导他,让他意识到自己的错误,并主动承担它,这才会让他记住,并保证以后不再犯。为此,父母在教育孩子的时候,就应该意识到,孩子不是圣人,不可能不犯错,也不可能一教就会。而大吼大叫的斥责只会让他们更加害怕,从表面上看是改过自新了,可不代表他们心理服气,也不能保证他们以后不再犯。因此,父母更应该慎重对待孩子的错误。在教育孩子的时候,父母应注意以下几点:

(一)采用"冷处理"的方式

世界上没有不犯错的人,关键是要懂得改正。父母在对待孩子犯错的时候,要懂得如何在不伤害孩子的情况下,给孩子一个承认错误的机会。"冷处理"主要是指淡化孩子做的事情,比如说在孩子年幼的时候容易受他人影响,学会了说脏话,可能他们因为年纪小不懂得这是什么意思,但这能引起父母的很大反应,反而让孩子觉得很有趣,父母越是阻止他们说,他们就越说,但如果父母越是不理睬他们,他们反而会觉得没意思,自然就不说了。这是很典型的"冷处理"的例子。

(二)严厉禁止孩子的一些权力和要求

比如,孩子犯了错误,父母就把之前答应孩子的约定给取消,并告诉他为什么取消了,让他知道自己的错误,并努力改正。而有些父母心软,禁不住孩子的苦苦哀求,忍不住又对孩子服软,这并不能帮孩子改正错误,反而让孩子觉得做错事没有关系,只要讨好一下父母就会得到原谅。因而父母在教育孩子的问题上,应该严厉禁止孩子的某些要求,直到孩子意识到自己错了并改正，才能把孩子该有的奖励还给他们。

（三）给孩子解释的机会

如果孩子所犯的错误是过失造成的，哪怕是损坏了贵重的物品，也不能对孩子大吼大叫，因为孩子的心灵很脆弱，父母一不小心没掌控好尺度，就将会给孩子心理留下阴影。即使有些东西是亲眼所见，也不能判定孩子就是故意为之，而应该先倾听孩子的解释，然后再下结论。

本 节 家 教 智 慧

俗话说："人非圣贤，孰能无过，过而能改，善莫大焉。"父母在面对孩子犯错时，千万不要对孩子大吼大叫。因为孩子还小，是非观念不强，很多时候做错事并不是有意而为之，父母所要做的就是引导孩子认识错误，并承担责任，而不是用大吼大叫的方式来指责他。众所周知，培养一个孩子要付出很多的努力，可是毁掉一个孩子却很有可能只是一句话、一件事。所以，父母切记对待孩子既不能吼也不能叫。

2

父母小时候也犯错，不要用错误的方式教育犯错的孩子

每个人都会犯错，就连父母也不例外。人们都是在错误中不断进步、成长起来的，父母也会犯错，但是切记不要用错误的方式去教育孩子。在孩子面前，父母说的话就是至高无上的，是权威的，时间长了，父母自然容易变得专制，固执己见，即使是犯了错，也还是坚持自己的观点，大多数父母不愿意在孩子面前否认自己，承认自己做错了。因为如果父母主动向孩子承认错误，他们会觉得自己很没面子，因此即使做错了，他们还是选择错误的方式来教导孩子。

其实，在教育孩子的时候，父母一旦发现自己做错了，应及时向孩子道歉，不要瞻前顾后，强迫孩子接受错误的观点，要正视自己的错误并改正，这样不但不会丧失作为父母的威信，反而会得到孩子的钦佩，让亲子关系更加友善。英国著名诗人雪莱曾经说过："人在固执的时候往往就是失去理智的时候。"也就是说，人们在坚持自己的意见的时候，往往容易失去理智，忽略了客观上的正确性。所以当父母发现自己在教育孩子的方式上产生错误时，不要怕会影响自己在孩子心中的形象，要做出正确的表率，给孩子树立榜样。否则孩子接受了错误的观点，对孩子今后树立正确的人生观、价值观和世界观都极为不利。

实际上，每个孩子都是独一无二的，都有自身的特点。纵使有的孩子身上有很多缺点，但也不能说明他一无是处。许多时候父母在教育孩子时，很容易拿孩子和他人作比较，认为这样孩子才能有进步的动力。殊不知，过分的比较也会给孩子带来巨大的心理压力，这样对孩子的身心健康发展极为不利。孩子在知道自己做错事后，心里本来就万分难受，如果父母还用大吼大叫的错误方式来教育犯错的孩子，这会给孩子的心理带来阴影，甚至造成无法挽回的损失。

　　美国前总统里根，小的时候也犯过错。那是 1920 年冬天的一个早晨，11 岁的里根和邻居家的小朋友在院子里踢足球，玩着玩着，忽然哐当一声，邻居家的玻璃碎了——原来是里根不小心把球踢到邻居家的窗户上去了。要知道那是个寒冷的冬季，没有窗户怎么过冬？里根很害怕，急忙跑回了家。没想到邻居还是找上了门，生气地向里根的父亲索要 12.5 美元的赔偿，要知道 12.5 美元在当时可是一笔不小的数目。邻居走后，父亲把里根叫到跟前，对他说："我不会替你还钱的。你现在所要做的是先去邻居家赔礼道歉，然后再自己想办法还钱。"里根一脸无奈地说："我没有钱，怎么赔？"父亲生气地说："自己做错了事，还不知悔改，竟然还想逃避责任，你怎么能这么做？我从小是怎么教导你的？你必须为自己的过失承担责任，我可以借钱给你，但你必须在一年内还给我。"里根被父亲说得无地自容，和父亲定下了一年的约定。于是，他把 12.5 美元赔给了邻居并诚恳地道了歉，邻居也原谅了他。接下来，他按照父亲的要求，开始了自己的打工生涯。虽然他才 11 岁，但是父亲却对他充满了希望，相信他一定能成功。里根每天放学回来，都去附近的公园、街道、广场收集易拉罐，堆积到一定数量就拿去兑换现金。他还兼职送牛奶、送早报，每天天不亮就起床，挨家挨户地派送，终于在半年后，里根成功地赚够了 12.5 美元，把欠父亲的钱还清了。对于一个年仅 11 岁的男孩来说，12.5 美元无疑是个天文数字，但里根却靠自己的双手，弥补了自己的过错。从那以后，里根一直牢记这件事情，依靠自己的努力，为自己攒下了一大笔积蓄，为后来他竞选总统起到了积极的作用。里根后来回忆道："虽然那个时候会觉得父亲很残忍，一点都不留情面，可是却帮了自己大忙。虽然那段时期

自己过得很艰辛，也失去了很多童年的乐趣，但是我获益良多，过得很充实，所以我一直很感激我的父亲，那年他没有对我进行责骂，而是相信我，鼓励我，要我靠自己的本事来承担起应负的责任，所以我现在的成功都是父亲的教育成果。没有父亲，就没有今天的我。"里根成家后，也是一直这么教育自己的孩子，犯了错要主动承担责任。因为自己小的时候也犯过错，父亲对他没有大吼大叫地责骂，他才能有今天的成就，所以他希望自己的孩子也能如此，快乐地成长，做个有担当的人。

俗话说："金无足赤，人无完人。"每个孩子在成长的过程中都会犯错，有些错误让父母啼笑皆非，有些错误让父母怒不可遏。而对待犯了错的孩子，不同的父母会有不同的处理方法。有的父母严厉地指出孩子的过错，如大吼大叫；有的父母会对孩子进行体罚；有的父母纵容孩子的错误。其实，这都是错误的教育方式，这样一来孩子不能真正意识到自己的错误，以后一定会再犯。而且，父母错误的教育方式会导致孩子不明白什么是对，什么是错，甚至不知道什么是正确的做法。同时，错误的教育方式可能还会导致孩子和父母关系的不和谐，产生破罐子破摔的心理。理智的父母在对待犯错的孩子时一定要注意以下几点：

（一）不要急于下结论，批评孩子

孩子拥有丰富多彩的内心世界，所做的事情有时候不合乎常理，令大人无法理解。这是因为大人们总喜欢用成人固定的思维来推测孩子的想法，揣摩孩子的动机，并急于对孩子的行为作出一个评论，甚至是批评。其实孩子犯了错，内心本就恐慌，如果这时还对他严厉批评，则会让孩子更加恐惧。所以在孩子做错事的时候，不要急于下结论，也不要急于批评，而应该首先弄清楚事情的来龙去脉，再进行教导。

（二）要让孩子主动承认错误并承担责任

父母在面对孩子犯错的时候，切忌盲目大吼大叫。要让孩子意识到自己的错误，并为自己的过错负责，这才是一位好父母应该做的。尤其是孩子在幼年的时候，因为心智发育不完全，他们不懂得什么是对，什么是错，什么该做，什么不该做，父母只有让他们自己真正明白是非对错，他们才会牢牢记住，并保证以后不再犯。

（三）不要对孩子严加管教

古往今来，"严师出高徒"、"严父出孝子"的传统思想在人们的脑海中根深蒂固，他们认为只有对孩子严加管教，孩子才能不犯错，才能成才。其实，这种观念是错误的。如果父母在孩子犯了错的时候严加管教，可能会在当时起到很好的效果，可是时间一久，孩子就容易忘记，这样不能从根本上解决孩子们所犯的错误。

本 节 家 教 智 慧

父母也曾是小孩，也曾犯过错，所以更能体会孩子的心情，因此不要把自己所受的罪加注在孩子身上，让孩子对父母产生误解，影响亲子关系。古语云："人非圣贤，孰能无过。"关键是做错之后要勇于承认错误并为此承担责任。所以父母切记不要用错误的方式来教育犯错的孩子。

3

顺其自然，要给孩子犯错的权利

教育学家告诫父母，教育孩子时，要让孩子多接触、多动手，只有让他体验到失败的滋味，他才能更好地成长。可是，生活中，人们却大多不是这样，孩子一旦犯错，父母往往怒不可遏，对孩子大吼大叫，一顿苛责，其实，犯错是孩子成长的契机和最好途径。所以，犯错是孩子的权利，也是孩子成长的资源。

现实生活中，父母都是"望子成龙，望女成凤"的，他们希望自己的孩子比其他人更优秀，因而一旦孩子做错了事，父母就会很生气，因为他们觉得孩子不听话，没有达到他们的期望，令他们很失望。于是，有的父母在孩子犯错时，便不停地数落孩子，想要他牢牢记住并不再犯，可是这种做法往往收效甚微，因为孩子也是有自尊心的，谁都不喜欢别人把自己曾经的过错一遍又一遍地在你耳边说起，每个孩子也是如此。

古语有云："吃一堑，长一智。"意思是只有吃过一次亏，才能得到一次教训，才能增长一分才智。由此，在教育孩子的时候，父母要给予孩子犯错误的权利，孩子只有犯过错，得到教训，才能更好地成长。但是，在现代社会中，因为大多数孩子都是独生子女，父母格外小心，生怕孩子磕着碰着，什么事情都不让孩子去做，这分明就是剥夺了孩子犯错误的权利，进而导致了许多孩子明明已经长大却还是不会自己照顾自己，什么事情都是依靠父母。

腾讯新闻报道了这么一则故事：一位妈妈带着孩子坐公交去学校报

到，在公交车上，孩子对妈妈说："妈妈，老师布置的暑假作业我没有做完，去了学校肯定要被老师骂了，怎么办？"妈妈心疼地说："宝贝，没事，有妈妈呢。"说着她就把孩子的暑假作业本扔出了车窗，并解释道："等会你就跟老师说，是爸爸和妈妈打架时把你的暑假作业给撕了。"孩子顿时欢呼雀跃。

通过这个事例可以看出现代教育的缺失，许多父母只是一味地宠溺孩子，不给孩子犯错的权利，什么都由父母代为承担，孩子怎能成长？现在的父母越来越重视孩子的发展，这是令人欣慰的。可是如果不给孩子犯错误的权利，孩子以后遇到类似的问题，还是不知道该如何处理。

有个农场的主人是个乐善好施的人，有一天，他要去一个很远的地方旅行，大约要去一年的时间，所以就给了他的三个仆人每人一百美金，让他们利用这笔美金好好做事，帮他照顾好农场。三个仆人兴奋地答应了。

一年后，主人回到了农场，他把三个仆人叫到跟前，向他们一一询问："我临行前分别给了你们一人一百美金，告诉我，你们用那一百美金都干了些什么？"

第一个仆人走上前，从口袋里拿出两百美金说："我用您给的一百美金投资做生意，没想到去年行情好，赚了一百美金，您看，都在这里。"

主人听了，满脸笑容，伸手接过去一百美金，并对他说："你很有商业头脑，相信通过你的努力，一定能干出一番大事，这剩下的一百美金就留给你了，希望你能有所成就。"

接着，第二个仆人也走上前，有点难过地摊开双手说："我也用您给的一百美金去做投资，但是因为投资之前没有仔细了解行情，犯了些错误，导致投资失败，连原本的一百美金也砸进去了。"

主人欣慰地一笑，从口袋掏出五十美金，拍拍他的肩膀说道："没事，犯错不可耻，重要的是要吸取教训，保证下次不再犯错，不断进步，最终也会走向成功。这五十美金赏给你了，希望你再接再厉。"

最后，第三个仆人走上前，他捧着主人给的一百美金，说道："这是您给我的一百美金，为了确保它不会损失，您走之后，我就把它原封不动地存起来了。您看看，一分都没有少。"第三个仆人满心欢喜，以为主人会夸奖他，因为他没有像第二个仆人那样亏得一分不剩，还要主人倒贴给他。

他的话刚说完，主人就一脸怒气，冲上去把那一百美金全部收回，生气地说道："一个连尝试都不敢的人，注定一事无成。"说完，农场主拂袖而去。

前两个仆人都拿到了美金，高兴得眉开眼笑，而第三个仆人什么也没有得到，懊悔不已。

俗话说，失败是成功之母。只要敢于尝试，在错误中不断积累经验，总有一天会成功的。所以父母在教育孩子的时候，千万不要剥夺孩子犯错的权利，只有给予孩子不断犯错的机会，孩子才能从教训中不断成长，并走向成功。重要的是孩子犯了错，父母应该赶紧抓住这个教育机会，让孩子明白什么事情只有自己试过了才知道它的好坏，才能帮助孩子纠正错误，而不是利用大吼大叫的方式斥责孩子。因为只有孩子在自己亲身经历中不断地犯错，才能记住这个教训，避免下次再犯，从而获得发展和进步。因此，父母在孩子成长过程中，应当让他顺其自然，充分给予孩子犯错的权利，而不是一味地批评指责或为孩子代劳，这样会使孩子畏惧做事，或者使孩子依赖成性，这两种教育方式都会导致孩子停滞不前，无法成长。

心理学上认为，孩子小的时候就像是一张白纸，然后经过各种各样颜料的添加，才能成就一张完美的画卷。在这张画卷中，孩子所犯的错误就是画卷中的黑点，但经过不断地修饰，它还是一幅完美的画卷。因此，明智的父母应该这样做：

（一）要鼓励孩子勇于尝试，有不怕犯错的勇气

在孩子的成长过程中，父母是最亲密的人，他的一切事情都喜欢跟父母分享，哪怕是犯了错，也会告诉父母，希望得到父母的谅解。因此，父母在孩子犯错的时候，要鼓励孩子，给他决心和勇气，无论结果成功与否都不重要，但只要尝试了，就能有所收获。

（二）带孩子走出犯错后的痛苦深渊

孩子犯了错，他也会感到难过，这时候父母所要做的不是责备，也不是大吼大叫，而是应该坐下来好好安慰他，帮助他要勇敢面对，带他走出犯错的阴影。具体地说就是当孩子犯了错，父母不要总是盯着孩子的错误不放，应当表扬孩子有尝试的勇气，让孩子从犯错后的痛苦中走出来；父母也可以向孩子讲述自己的类似经历，让孩子明白父母不是嘲笑他，而是愿意像朋友一样分享自己的喜怒哀乐，然后再告诉孩子解决的方法。

（三）赞赏孩子的"好心办坏事"行为

李婷是一个 6 岁的小女孩，她看到妈妈上班这么辛苦，想帮妈妈分担一点家务，看到妈妈的衣服放在房间里还没有洗，于是就拿到水里泡着，不小心洗衣粉倒得太多，把妈妈的衣服泡坏了，她被吓得哭个不停。妈妈回家后看到这一幕，当即表扬了孩子的行为，说衣服洗坏了不要紧，重要的是孩子长大懂事了。遇到类似的情况时，父母千万不要对孩子大吼大叫，这样会严重挫伤孩子的劳动积极性。而应当认同孩子的行为，并从侧面表扬孩子，说些鼓励孩子的话，如"这次没做好没关系，下次一定会成功的"等等。

本节家教智慧

　　法国作家罗曼·罗兰曾经说过："人生应当做点错事。做错事，就是长见识。"显然，孩子刚开始学做某件事的时候，磕磕碰碰都是很正常的，大人不能因为孩子犯错了就否认孩子的努力，然后恐吓孩子，不再给他犯错误的权利。其实，孩子只有不断地犯错，才能取得更大的进步。所以父母应当顺其自然，给孩子犯错的机会。因为只有流过血的手指，才能弹出世间的绝唱。

父母犯错也要向孩子道歉

在日常生活中，很多父母一遇到孩子犯错，不先了解情况，便对孩子大吼大叫，对孩子一顿指责。然而事后冷静下来，气消之后，发现自己做错了，伤害了孩子，可是却碍于脸面不愿意向孩子认错，从而导致亲子关系出现裂痕。的确父母在教育孩子的过程中，难免会犯错，有的时候会冤枉了孩子，让孩子受委屈。其实看着孩子难受，父母的心里也不好受，可是真的要向孩子道歉吗？

确实父母做错了事，也要向孩子道歉。父母把孩子带到这个世界上来，既是生命的缔造者，也是孩子一生中最重要的人，父母的一言一行都是孩子模仿的对象。而且每位父母都希望自己的孩子长大成才，做一个诚信、乐观、对社会有用的人。在这样的境况下如果父母自己不严格地约束自己，又怎么能奢望孩子做到呢？

在生活中，人们常常可以听到一些父母这样抱怨："今天我的孩子又不理我了，因为我早上出门很急，不小心把他心爱的玩具汽车踩坏了，他就急得哭了，并说我是个坏妈妈，要我赔偿。我听了很生气就训了他几句，明明是他自己没有把玩具汽车收好，怎么能怪我？然后他今天一天都没跟我讲话。"或者是："我们家孩子今天被我发现偷偷躲在厕所抽烟，他才多大点的孩子，就学人家抽烟，我气急了，骂了几句，他就跟我翻脸，说爸爸也抽烟，怎么不说他。"这些现象表明，孩子很容易受父母影响，父母怎么做，他就跟着怎么做。因此，父母应当在意识到自己犯错的

时候，及时向孩子道歉，然后告诉孩子什么该做什么不该做，只有这样言传身教的教育方式才能取得更好的效果。普天之下，这种言传身教的智慧例子不胜枚举。

墨西哥前任总统福克斯曾经给他的孩子讲过这么一个故事：有一个企业家，一天，他在工厂巡视，发现工厂里的一座旧亭子破旧不堪，下场大雨就岌岌可危，于是就想请人来拆掉它。回到家就跟妻子商量拆除事宜，他的儿子听见了，很想知道怎样拆除亭子，于是就对父亲说："爸爸，我想知道亭子是怎么拆除的，您可以等我从寄宿学校回来后再拆吗？"父亲欣然同意了。

可是没过多久，这位企业家就忘了这件事，在孩子回家之前就组织工人来将它拆除了。

儿子放假回家后发现亭子不在了，就很生气地去找爸爸理论："爸爸，你说话不算话，我不喜欢你了。"

父亲很是疑惑，不知道孩子为何突然这么讲，刚想开口询问，孩子就气呼呼地说道："爸爸，您答应过我，说要等我从寄宿学校回来后才会把旧亭子拆掉的，可是我还没回来，您就把亭子给拆了，您没有遵守承诺。"这时，父亲才恍然大悟，想起了之前和孩子的约定，连忙说道："孩子，爸爸错了，是爸爸不好，没有遵守诺言，爸爸应该信守承诺的。"

于是，这位父亲又把工人们请回来，让他们按照旧亭子的模样再造一座。等亭子完工的时候，他把孩子叫到跟前，对工人们说："好了，现在可以把亭子拆掉了。"工人们都迷惑不解，在企业家的解释下，工人们感慨万分。接着企业家对孩子说道："孩子，现在你可以亲眼看到亭子是怎样拆除的了。"这时孩子异常兴奋起来，因为父亲遵守了他的诺言。

讲完这个故事后，福克斯对他的孩子说："我跟这位父亲很熟，他并不富有，但他能为了自己的错误而向孩子道歉，并用实际行动来履行承诺，这无疑是令人敬佩的。"

"那这位父亲是谁啊，我可不可以认识他？"孩子问。

福克斯摸摸孩子的头，说道："那位父亲就是你的爷爷，那个小孩就是我，所以你也要像爷爷那样犯了错主动承认，并及时补救，做个信守诺言的人。"

一座亭子，竟然被连拆两次。父亲错了，但没有一错再错，既没有对孩子大吼大叫，也没有向孩子隐瞒，而是用实际行动来向孩子证明，自己知错就改，既教育了孩子，又为孩子做出了榜样，并因势利导教孩子做个知错就改的好孩子。诚然父母对待错误，就应该像这位父亲一样，要敢于正视错误，改正错误，并向孩子道个歉，这样会让孩子更加亲近父母。另外，父母主动认错也会更加容易得到孩子的尊重。因此，父母犯了错，也应向孩子道歉，但如何道歉才能帮助他们改善亲子关系呢？心理学家和教育学家建议父母应该注意以下几点：

（一）真诚地认错，让孩子体会到父母的愧疚

生活中，父母做错了事情，要想得到孩子的谅解，不是一句简单的"对不起"就可以解决的。因而父母在向孩子道歉的时候，要记住带着真诚，让孩子从内心感受到父母的愧疚。比如说，本来跟孩子约好了这周末带他去游乐场玩，但是因为公司临时安排出差，而且不得不去，那么等孩子放学回家时就应该跟孩子说："宝贝，妈妈这礼拜要去出差，不能陪你去游乐场玩了，妈妈也很伤心，对不起，这次就让爸爸带你去好不好？等妈妈出差回来再陪你去。"父母这样说的话，孩子就能感受到诚意，就会感受到父母的苦衷。另外，父母向孩子道歉时把"对不起"放后一点，把解释提前一点，这样道歉的效果就会好很多。

（二）道歉要趁早

大家都知道，做什么事情都要趁早，不然一切都晚了。那么父母犯了错，也要及时认错，否则时间长了会给孩子留下难以消除的阴影。这里举一个生活中十分普遍的例子。当刘茹下班回家看到屋内乱得一团糟，想都没想就把7岁的女儿叫来训斥一顿："妈妈每天这么辛苦地上班，你倒好，不帮妈妈做事就算了，还把屋子弄得一团糟，罚你马上给我收拾干净，要不然不许吃晚饭。"7岁的女儿委屈地争辩道："不是我干的，是邻居家的小猫进来弄乱的，不是我。""你还敢狡辩，学会顶嘴了吧，还不快点收拾。"刘茹生气地吼道。后来经过证实，真的是邻居家的小猫偷偷溜进来，把屋子弄乱了。可是，刘茹拉不下脸跟孩子道歉，渐渐地孩子跟刘茹有了隔阂，就不再愿意听话了。由此可以得出这样一个结论：父母千万要记住，道歉要及时，不要等晚了就追悔莫及了。

（三）应该意识到言传身教的重要性

父母犯了错，就应该主动认错，这样一方面可以让孩子对父母心服口服，另一方面父母能够以身作则，可以促进孩子正视错误，勇于承担责任，并能使孩子意识到犯错误后要及时改正的重要性，从而避免以后再犯。

本 节 家 教 智 慧

　　要想树立自己的威望，首先就要学会低头，像个男子汉大丈夫一样，要能屈能伸，做错了事主动承担责任。在家教中，父母也是一样，要想让孩子尊重自己，就先得给孩子树立好的榜样，如果父母做错了事，也要主动并及时向孩子道歉，然后改正错误，这样孩子才能信任你，才能给孩子留下好印象，亲子关系也才能和谐发展。

5

不能对孩子管制太多，应该给他自由的空间

"孩子大了，越来越难以管教了。"这是大多数父母的心声。正是因为孩子从小被束缚太多，压抑得太久，所以孩子一旦进入心理叛逆期，就不愿再听父母的话做乖小孩，而是越来越肆无忌惮，不服管教。现如今青少年打架、斗殴、吸毒、偷窃的行为显著增多，究其根本原因，大多是父母的教育方式有问题。许多孩子从小就被父母教育限制他们这不能做，那不能做，因为管制得太多，就剥夺了孩子实践的机会，这样让孩子无法理解其中缘由，只知道一味地服从。孩子一旦不合父母心意，犯了错，父母通常都是采取大吼大叫的教育方式，而不顾及孩子的感受，更不知道原来是自己约束太多导致的。为此，儿童健康心理研究专家呼吁广大父母，不要给孩子太大压力，不要限制太多，应该给孩子一些自由的私人空间。

每位父母都希望自己的孩子长大后成为优秀的人，所以如今的父母越来越重视孩子各种技能的培养，然而很少有父母能为孩子想一想："孩子究竟喜欢什么？孩子适不适合做这个？"要知道，孩子不是超人，不是每种技能都是他的强项，做不好也不完全是他的错，其实，父母应该好好反省自己，认真地想一想硬逼着孩子去学自己不喜欢的东西，是不是真的为他好？儿童心理研究学教授杨广学对此特别指出，在严厉管教下成长的孩子，会缺乏独立的思维能力和管理能力。所以，在生活中人们常常可以看到，因为现代家庭过度地管教孩子，很多事情父母都一手包办，不让孩子动手，导致许多孩子只知道学习，对生活、社会一概不知，很多孩子上了大学都不会自己洗衣服，不了解社会，个人独立性很弱，管理能力更差。

法国著名教育学专家卢梭曾经说过："教育孩子，要让孩子做自己喜欢做的事情，而不是让孩子做父母喜欢的事情。"可是，现实生活中有些父母喜欢什么事情都替孩子做决定，对孩子的选择、意愿完全不顾，喜欢掌控孩子的一切，对孩子限制太多，从而导致孩子没有自己的私人空间，这样孩子越长大，叛逆心就越强，自然就跟父母的关系也不再融洽。而大多数父母则认为，不严加管教，孩子就不会成器。殊不知，正是这个原因导致天才的消逝。莎士比亚曾经说过："学问必须合乎自己的兴趣，方才可以得益。"所以对孩子管制太多，忽视孩子的个人兴趣，让孩子按父母的意愿做事，会导致孩子没有个人成长的空间。而孩子在父母的安排下做事情，一旦犯错，就会招来父母的责骂，这更加给孩子带来了心理压力，让孩子无法全面健康发展。

松鼠妈妈是个典型的全职太太，每天除了打扫房子，就是帮松鼠宝宝、松鼠爸爸安排起居。松鼠妈妈从怀上松鼠宝宝的那刻起，就开始注意松鼠宝宝的智力培养。她听说小孩子要成才，就要从小开始培养，特别是在妈妈肚子里的时候就要开始培养，这样孩子长大后才会特别聪明。所以，松鼠妈妈刚怀上松鼠宝宝就把工作辞了，把心思全都放在松鼠宝宝身上，一心盼着他顺利出生，每天都给他听些轻柔的胎教音乐，吃营养搭配均衡的饭菜，就是希望松鼠宝宝聪明灵气。等松鼠宝宝生下来后，松鼠妈妈更是注重松鼠宝宝的素质发展，每天给松鼠宝宝念唐诗宋词。她还读了很多关于家教方面的书，知道幼儿的早期启蒙教育特别重要。松鼠宝宝刚学说话的时候就教他汉语和英语两种语言。松鼠宝宝也特别争气，聪明伶俐、人见人爱。松鼠宝宝上幼儿园后，有一家心理研究所来采集实验数据，对全校的孩子进行智商测试，结果松鼠宝宝得了全校第一。松鼠妈妈听到这一消息后特别开心，觉得自己的努力没有白费。从此以后，松鼠妈妈更加注重松鼠宝宝的智力开发，什么家务活都不让他干，只让他好好学

习。后来，松鼠妈妈听说刺猬女儿很会弹钢琴，小小年纪钢琴竟然过了八级，松鼠妈妈为此羡慕不已，觉得自己的儿子要是学了的话一定比她更厉害，于是就给松鼠宝宝报了个钢琴培训班，周末的时候要上钢琴课，完全剥夺了松鼠宝宝的私人休息时间。可是令松鼠妈妈没想到的是，松鼠宝宝在这方面没有天赋，钢琴弹得一塌糊涂。对此松鼠妈妈很是生气，认为松鼠宝宝没有认真学习，于是把松鼠宝宝拎回家大骂了一顿，让他好好改正。无故挨骂后松鼠宝宝很是委屈，认为他自己没有做错，可是妈妈却不理解他，从此之后便和妈妈有了隔阂。

　　松鼠宝宝越长越大，妈妈再也没出去工作，一门心思想把松鼠宝宝培养成天才，从英语如何发音才算标准，到如何穿衣服，穿什么衣服才算好看，只要松鼠宝宝有一个地方做得不好，松鼠妈妈就会立即指出来，并告诉他该如何做。如果松鼠宝宝一个错误重犯两次以上，就要受到批评。比如说，牛奶没喝完就跑出去玩了、见到阿姨没有主动打招呼、今天天气冷没有穿上新买的那件夹袄、吃饭的时候只顾着看电视等等。松鼠妈妈认为只有严格管教孩子，孩子才能成才。等到松鼠宝宝上初中的时候，学习成绩再也不是全班第一，成绩越降越低，后来降为倒数第三了。松鼠宝宝再也不是幼儿园时那个聪明伶俐的孩子了，松鼠妈妈为此很是伤心。她想不明白，自己呕心沥血地教育他，孩子怎么就变成了这个样子？

　　无奈，松鼠妈妈找到教育专家诉说了所有烦恼。教育专家认为，问题出在松鼠妈妈身上。松鼠妈妈管得太多，管得太严，松鼠宝宝一旦犯错就大吼大叫，导致孩子产生惧怕心理。众所周知，一旦孩子的心灵受到伤害，便很难恢复。实际上，孩子是需要"放养"的，如果对他们限制太多，管教太多，会给他们造成无法挽回的损失。其实，孩子们最希望的，是父母能够给他们一点私人空间，让他们做自己想做的事，而不是做父母想让他们做的事。所以，父母在教育孩子的方式上应该注意以下几点：

（一）多信任，少管教；多放权，少施压

诸多事实证明，严加管教中长大的孩子，无法独立；施压中长大的孩子，常常焦虑。只有在信任中长大的孩子，才能获得别人的信任；只有在放权中长大的孩子，才有高度的责任感。许多父母小的时候和孩子生活的时代不同，他们可能无法完全理解孩子，于是对孩子管教太多，却未曾想到这样会让孩子以后一个人生活的时候无所适从，找不到自己的兴趣，进而失去自信。而且如果施压太多，会给孩子沉重的负担，甚至严重到自杀或患抑郁症。因此，父母应当多给孩子一些自由的私人空间，让孩子去面对自我，找到自己的兴趣爱好。

（二）尊重孩子的选择

父母不应当对孩子管制太多，这样会剥夺孩子犯错的权利从而影响孩子的成长。在人生的成长中，许多东西，总要亲自尝试后才能知道，才能懂得。这些广为人知的理念早已向父母表明：孩子的人生应由他们自己做主。所以父母要尊重孩子的选择，给孩子自由的空间让他们成长，这样才能帮他们认识到自己的错误，并努力改正错误。

（三）多授渔，少授鱼，少说教

俗话说："授人以鱼，不如授人以渔。"意思是说，传授给人既有的知识，还不如传授给人学习知识的方法。所以父母只有让孩子在不断的犯错中学习，积累经验，才能真正掌握方法，获得成长。

本节家教智慧

　　现如今，大多数孩子从小被父母严加管教，从而失去快乐的童年。而且孩子一旦犯错就会被父母责备，这给孩子的心理造成重大影响，显然不利于孩子的健康成长。因而父母应当适当给孩子一个独立自由的空间，让孩子能够拥有自己的兴趣爱好，并放手让他们去做，这样也许会产生不一样的效果。

6

父母要懂得有效地引导孩子纠正错误

　　在成长的道路上，每个人都免不了会犯错，何况是孩子。那么当孩子犯错时，父母就应该理智地面对孩子的错误，而不是对他大吼大叫，挖苦他、讽刺他，这样会伤害他的自尊心。尤为关键的是，父母在教育孩子时，不应该关注孩子犯了什么错，该受到什么样的惩罚，而是应该引导孩子纠正错误，回到正确的人生轨道上来。

　　在生活中，人们常常可以看到这样的场景：孩子因为好奇电视里怎么会有图像、有声音，于是趁父母不在把电视机砸了个大窟窿来一探究竟；或者孩子因为贪玩，把邻居家的小狗给弄死了，使得父母不得不赔偿邻居的损失；或者孩子觉得公园里的花朵很漂亮，就想占为己有，便把花草连根拔起等等。遇到这些事情，许多父母都觉得无力应对，一方面觉得自己的孩子不争气，另一方面又找不到有效的教育方法。这样就导致孩子难以认识到错误的严重性，不能及时纠正，从而导致孩子重复犯错。

　　其实，大多数孩子犯错都是无心的，在错误发生后孩子内心也会难受，如果这时父母再责备他，他更会感到委屈。因此，当孩子犯了错的时候，父母要控制住自己的脾气，不要对孩子大吼大叫、随意责备。相反，要先让自己冷静下来，控制好自己的情绪，等自己已经完全平静下来的时候，再来和孩子详谈，让孩子感到父母的意见是公正、客观的，这样才能使谈话继续下去。因此，在孩子犯错后，如何有效地引导孩子走出错误的困境，就成了每个父母必须要做的事。

贝拉是个五岁的小女孩，刚进入幼儿园的第一天就和别的小朋友打架，还把人家的脸给抓破了，老师觉得贝拉很难管教，就打电话给贝拉的妈妈，让她把贝拉带回家去。

贝拉的妈妈是个都市白领，每天忙得焦头烂额，正不巧今天还碰到一个刁蛮无理的客户，更是让她头疼不已。接到老师的电话时，她当然十分生气，和经理软磨硬泡了很长时间才请到假，于是急匆匆地赶到幼儿园，了解了事情的原委后，还得一个劲地向小朋友的父母赔礼道歉，并赔偿医药费。从幼儿园走出的那一刻，她就把女儿的手甩开，不让她牵。贝拉也知道妈妈生气了，不敢开口说话，只是静静地跟在妈妈后面。

回到家后，贝拉的妈妈也不跟女儿说话，她安心地准备晚餐，让贝拉去房间面壁思过。等到吃完饭后，她才开始询问孩子："告诉妈妈，今天为什么要和那个小朋友打架？"贝拉在幼儿园的时候不管老师怎么哄，怎么训斥，她都不说原因，只有在看到妈妈的时候才哇哇大哭。贝拉的妈妈看到女儿泪眼汪汪地望着自己，心顿时就软了，也没当面责备。于是平心静气地问道："你为什么打架？"贝拉小声地说道："他骂我是没有父亲的野孩子。"听到贝拉无力的争辩，妈妈心里顿时不好受，因为自己年轻时犯的错，一意孤行要把孩子生下来，而现在要孩子来承担后果，贝拉的妈妈觉得心里有愧。

"妈妈不是说过吗，爸爸出国了，在国外有很多事情没办法回来看贝拉，但是爸爸每个礼拜都会给贝拉寄信啊，贝拉怎么可能会是野孩子呢？"她安慰道。

"可是我都没有见过爸爸的照片，别的小朋友都有爸爸妈妈接送，就我没有。"贝拉委屈地说道。

"贝拉要知道，爸爸妈妈都很忙，贝拉是个懂事的好孩子，会理解妈妈的，所以妈妈才放心让贝拉一个人去幼儿园，而且妈妈相信贝拉。"

贝拉若有所思地点点头。

"但是话说回来，贝拉跟那个小朋友打架是不对的，那个小朋友是有错在先，但是贝拉不该打人家，还把别人的脸抓破了。不管因为什么，总有更好的解决方法，用武力去处理问题，这是不对的。明天去幼儿园后，先向那个小朋友道个歉，然后再向老师认错，以后不准再打架了，要和老师、同学好好相处，知道了吗？"贝拉诚恳地点了点头，并答应道："妈妈，我错了，我以后再也不会跟别人打架了。我会好好道歉认错的，让妈妈更加爱我。"贝拉的妈妈感到很欣慰，把女儿紧紧地搂进怀里。

后来，贝拉果真说到做到，再也没有跟别人打过架，还和那个打架的小朋友成为了好朋友，老师也对她赞不绝口。

由此可以看出，贝拉的母亲无疑是位理智的好母亲。她知道在自己生气的时候跟孩子沟通很容易以偏概全，造成对孩子的误解，所以选择先让自己冷静下来，再和孩子沟通，让孩子相信自己，感受到她的真诚，这样孩子才会说出实情，而等孩子认识到自己的错误后再进行引导，才能让孩子改正错误。因此父母在孩子犯了错时，不能只是大吼大叫、一通责骂，这样很容易造成孩子与父母之间的关系出现隔阂。那么，理智的父母应该这么做：

（一）面对孩子的错误，应当控制好自己的情绪

孩子还小，犯错误很正常。看到孩子做错事，很多父母的第一反应就是生气，然后就是责备，甚至打骂孩子，但是这样做带来的后果往往是人们用一辈子也无法挽回的。正确的做法是：父母首先要学会控制好自己的情绪，等自己冷静下来后，再和孩子进行沟通交流，引导孩子纠正错误，这样的教育方式才会有效。因为良好的情绪，能够使亲子关系变得和谐，并能拉近父母和孩子的距离。

（二）拒绝简单、粗暴的纠错方法

孩子在成长的每个阶段都会犯各种各样的错误，这时候父母的引导就显得尤为重要。因而不管孩子犯了多大的过错，父母都不能对孩子进行简单的批评，更不能粗暴地对待，这样不利于孩子纠正错误，还可能影响亲子关系。这时父母可以采用积极正面的方式来引导，这样既可以减少孩子的反感，又有利于帮助孩子认识错误，进而改正错误。

（三）不过分责备孩子

孩子犯了错，大多是无心之过，这时孩子心里也不好受，怕挨骂，所以说话格外小心翼翼。如果父母在明知道孩子已经意识到自己错了的情况下，还对孩子大吼大叫，则会给孩子的心理留下阴影，甚至影响孩子的健康成长。对此父母要有效地引导孩子纠正错误，不要动辄对孩子大吼大叫，而要让他们自己意识到错误并改正，这才是父母应当做的。

（四）让孩子自己发现错误

孩子做错了事，父母不能事事都帮他补救，这样容易让孩子形成依赖心理。以后孩子一旦犯错，不是自己首先想着怎么补救，而是找父母帮忙，长此下去，会让孩子失去独立思考的能力，事事都依赖父母。所以父母应当从小培养孩子的独立意识，让他们自己发现错误，只有自己知道做错了，才会记得并改正，避免以后再犯。

本节家教智慧

　　不管孩子做错了什么，父母首先要做的就是让自己冷静下来，然后再和孩子进行沟通，只有等自己冷静下来后，才能理智客观地对待孩子的错误，并正确地引导，帮助孩子纠正错误。

7

大吼大叫地批评会挫伤孩子的积极性

常言道："可怜天下父母心！"生活中每位父母都是"望子成龙，望女成凤"的，希望自己的子女各方面都很优秀。可是，现实往往不尽如人意。孩子在成长过程中，总免不了会出现这样或那样的问题，而这时大多数父母都是恨铁不成钢，对孩子大吼大叫，使孩子产生恐惧，失去学习新事物的热情，从而严重挫伤了孩子的积极性。

孩子越大，便越难以管教，孩子犯了错，也不再听父母的教导。这到底是什么原因造成的呢？追本溯源，其实就是父母事事都要求孩子按照父母的指令做，这样孩子在小的时候可能会很听话，因为他们不懂。可是孩子渐渐长大，有了自己独立的思想意识和行为准则，就会渐渐不喜欢事事都听父母的安排，希望能过自己想要的人生，所以一旦进入叛逆期，孩子犯的错就会更多。而大多数父母在面对孩子的错误时，只知道大吼大叫地批评，根本就不顾及孩子的感受，长此以往就会造成孩子对父母反抗心理越来越严重，导致亲子关系出现裂痕。

大吼大叫地批评孩子，会严重挫伤孩子的积极性，久而久之就会给孩子的心理造成损害。作为父母，如果孩子一旦犯了错，只知道一味地大吼大叫，指责、批评孩子，而且一直给孩子灌输"你不行"、"这不适合你"、"你怎么能这样做"的思想，时间越久，越会给孩子带来严重的影响——孩子会认为自己真的不行，导致孩子对自身能力越来越否定、怀疑自己，进而丧失自信心，失去学习的热情。

《中学生博览》曾在全国十八个省、直辖市、自治区展开过一项调查，受访对象主要是中小学生及他们的父母。该杂志在给中小学生的调查问卷中设计了这么一个问题："如果爸爸妈妈许你一个承诺，并且是一定会兑现的，你最希望的是什么？"

在受访的学生中，有4531个孩子回答了这个问题。其中，50%的孩子表示："希望爸爸妈妈能少批评我，不对我大吼大叫；能相信我，并以我为荣。" 54%的孩子表示："希望爸爸妈妈能少拿我和别人作比较，不要老说别人怎么好，我怎么差。"

在调查结果没有出来之前，杂志社工作人员认为"多给我点零花钱"、"能多给我点空闲时间让我出去玩"以及"不要限制我交朋友"这三项承诺会最受孩子们欢迎，可事实却是选这三项的孩子人数最少，分别占总数的20%、11%和28%。由此可以得出这样一个结论：孩子们希望得到父母的正确评价远远超过了他们对金钱和娱乐的渴望。

而在给父母朋友们设计的调查问卷中给出了这么一个问题："在和孩子平时的交谈中，您最爱跟孩子说的三句话是什么？"

调查结果也令杂志社的工作人员大吃一惊，那些平常最常说的"天气冷了，要多穿件衣服"、"把早餐吃完再去上学"和"要多喝开水，注意感冒"竟然都没在榜单之上。一批来自不同地区、从事不同职业、有着不同经济条件的爸爸妈妈，竟然都不约而同地在调查问卷上写下这么三句话："要好好学习"、"要听话"、"没出息"。其中，"没出息"这三个字是孩子最不爱听到的。这三个字带着强烈的讽刺意味，时刻提醒孩子不如别人，这严重伤害了孩子的自尊心，打击了孩子的学习积极性。通过这句极具贬损意味的话，父母们听到了孩子们内心发出同样的声音："爸爸妈妈，我们不想在否定中长大，不想被拿来和别人作比较，不想每次犯错都被你们不分青红皂白地一顿批评，不想每天听到你们对我们说：'你太笨了！''你太不听话了！''你太不争气了！'"

每个人都希望得到他人的夸奖和鼓励，无论是做好了还是犯了错，都不想得到别人的批评，同样，孩子也不例外。他们希望无论他们所做的事情是对还是错，都能得到父母一个肯定的眼神，而不是遭到父母的批评、否定，这样他们才会有前进的动力。对此，教育学家认为，父母是孩子生命中最重要的人，父母的一言一行都会对孩子产生重要影响。比如，一个不经意的眼神、一个微小的动作都会对孩子引起不同程度的暗示效应。所以，父母在对待孩子的问题上要格外小心翼翼，不要让孩子产生误解，影响亲子关系的发展。如果孩子本身已经认识到自己的错误，但父母还是大吼大叫地批评他，这样会严重挫伤孩子的积极性，让孩子再也没有自信去学习，还可能会造成一个天才的消逝。因此，父母在孩子犯了错时，切记不要用大吼大叫的教育方式去批评他。那么父母若想智慧地教育孩子必须首先这么做：

（一）应赞赏自己的孩子

父母在孩子做错事情的时候，要站在孩子的角度去理解他，因为自己也曾是小孩，也犯过类似的错误，如果当时自己被父母批评，自己自然也不会开心。比如说，孩子不小心把床单弄湿了，怕父母回家后责骂自己，于是就把床单扔进了洗衣机里清洗，但没想到洗衣粉放得太多，把床单给洗坏了。这时，父母应该做的是，带着赞赏的眼光去看待孩子的错误：孩子很努力地想挽回错误，虽然失败了，但孩子懂事了，懂得以后洗衣时洗衣粉不能放太多，这就是成功。所以作为父母，绝不要对孩子吝惜你的赞美，这会给孩子无限的动力，从而激励他们不断完善自己。

（二）不要老拿孩子跟别人作比较

每个父母普遍会犯的错误就是：爱拿自己的孩子跟别人家的孩子作比较。他们认为这能刺激孩子努力上进，却时常事与愿违。其实，每个孩子都是独一无二的，没有必要总拿自己的孩子跟别的孩子去比。显然每个孩子都应该在自己的特长上发展，而不是在别的孩子的特长上发展。如果父母老爱拿自己的孩子跟别人作比较，这样会严重打击孩子的自尊心，使孩子的心理受挫，而且很容易造成孩子破罐子破摔的心理，影响亲子关系。因此，明智的父母应当少拿孩子跟别人作比较，否则容易引起孩子对自己的反感而得不偿失。

（三）纠正孩子的错误时不能吹毛求疵

在很多父母的观念里，打好基础才是成功的关键，所以他们常常会在孩子开始学习一项新事物的时候，强烈要求孩子要好好学习，打好基础，哪怕是孩子犯一点点小错误，也毫不留情地指出来，要孩子当场改正。这种纠错行为，严重挫伤了孩子的学习积极性，从而使孩子对学习失去了乐趣。其实，这种吹毛求疵的纠错方式，犯了家庭教育之大忌。孩子在学习阶段，犯错在所难免，如果父母习惯了以大吼大叫的批评方式来矫正他们的错误，这在无形中就接纳了错误的纠错理念——训斥教育，或者会使孩子产生恐惧失去自信心，甚至产生自卑的心理，失去学习的积极性。

本节家教智慧

孩子犯错很正常，父母千万不要用大吼大叫的方式去批评孩子。因为每个人都有自尊心，说得多了会让孩子产生抗拒心理，长期下去，甚至会影响孩子今后的发展。所以，父母在面对孩子犯错的时候，要懂得赞扬和鼓励孩子，让他有信心纠正错误，并相信自己能做得更好，这才能帮助孩子更好地成才。

8

就事论事，对孩子不翻旧账

孩子都是在错误中成长起来的，世界上没有不犯错的孩子。然而，很多父母还是无法理解，每次面对犯错的孩子，不少父母都会头疼不已，所以一遇到这种事情，就会对孩子大吼大叫，对过去的事情一提再提，不断地翻旧账，所以经常批评孩子说："我明明告诉过你，不能这么做，你就是不听。"这会让孩子的自尊心、自信心深受打击，影响亲子关系的和谐发展。而且还会严重影响孩子的身心健康。

对此，儿童心理研究专家认为，孩子的内心是极其脆弱和敏感的。当孩子犯了错误，他的内心就会更加恐慌，这时父母如果对其大吼大叫，把他的错误一提再提，新账老账一起算，就会给孩子造成心理阴影，这不利于孩子的健康成长。因而父母在面对孩子的错误时，尤其不能重复批评，即使孩子不断地犯相同的错误，作为父母也不能大吼大叫，随意批评。要注意换个角度，换种方式，换个说法，这样孩子才不会觉得同样的错误被揪住不放，紧张的亲子关系也才能得到有效的缓解。

翻旧账是许多父母在教育孩子的时候普遍使用的方式，他们认为，只有一再提醒孩子，他曾经犯过这样的错误，他才会长记性。殊不知，正是这样的原因，才导致孩子一而再、再而三地出错。孩子都是有自尊心的，如果父母忽视孩子的尊严，不停地在他面前提起之前的过错，会让孩子的自信心受到打击，导致孩子失去学习的积极性。为此，教育专家认为，父母教育孩子要就事论事，以成长的眼光来看待孩子，不要经常提起孩子以前所犯的错误，要给孩子自由发展和进步的空间，并充分肯定孩子的优点和成长步履，增强孩子的自信心。

张茜最近很是焦虑，因为女儿自从上了高中以后，就和她关系一直不太好，不管她说什么，女儿总是和她对着干。她觉得很伤心，自己这么努力地工作不都是为了能给女儿好的生活，对她管教严厉不也是希望女儿能有出息？为什么女儿就是不能理解自己的苦心呢？于是，张茜找到了女儿的辅导员，辅导员告诉她说女儿的成绩一路下滑，从年级前三十名跌落到年级第一百名，照这种情况发展下去，女儿是不可能考上一所好的大学的。跟辅导员谈完后，张茜捧着女儿的成绩单心情沉重地走回了家，决心和女儿好好谈谈。

等女儿回到家，张茜就把她叫进了房间，劈头盖脸地问道："你最近是怎么回事？你看看你的成绩，是不是又和以前一样，上课的时候不认真听讲，又带着耳塞听音乐？你好好看看你的成绩单，从年级前三十名退步到年级一百名，你还好意思出来见人吗？上次我就跟你说过，上课不要做别的事情，只要认真听讲就好了，你又当耳旁风了，是吧？还带着耳塞，你还不给我取下来。"张茜看到女儿吊儿郎当的样子，气就不打一处来。

"还有，你最近是不是喜欢上哪个男生了？每天出门前都要照照镜子，你给我记住，你还是个学生，我决不许你现在谈恋爱，你趁早给我断了这个念头……"

张茜刚说完，站在门口的女儿突然愤怒地发火了："每次我一做错点什么您就这么说，您不累吗？从小到大，您从来都是这样，只要我做错点什么，您就一直在我耳边唠叨，不停地翻旧账，非得要我说，是这样的，我错了，您才甘心，是吧？妈妈，我是您的女儿，但我也有我的自尊心，您每次批评我的时候都非要当着那么多人的面，您知道我很累吗？做您的女儿真的很累。您为什么不为我想想呢？无论我犯了什么错，您都记得一清二楚，还时不时地在我耳边提醒，告诉我曾经就是这样做错过，这让我

很恐惧。别人家的孩子都是父母的掌上明珠，为什么到了我们家，您却老是不留情面地翻我旧账，好像我错过一次就一定会再犯一样，既然您都不信任我，不爱我，那我留在家里还有什么意思？"张茜被女儿吼得愣在房间里一直到看着女儿跑出了家门。

张茜的好友听完张茜的讲述后，告诉张茜："其实，这并不是孩子一个人的错。在我看来，是你的教育方式有问题，你只看到孩子犯的错，却没看到孩子的努力，孩子一旦犯错，你就把新账旧账加起来一起算，这样哪个孩子能对你掏心呢？翻旧账是批评的大忌，总是翻孩子的旧账会让孩子觉得他以前所犯的错是无法原谅的，渐渐地就会对学习失去希望，对父母也会越来越反感，所以我劝你还是跟你女儿好好认个错，道个歉，想办法补救吧。"听了好友的一番话，张茜这才意识到自己犯了很大的错误。

由此可见父母在教育孩子的时候，切记不要总是翻旧账，否则会让孩子产生逆反心理。面对孩子的错误父母应当就事论事，帮助孩子认识到错误并想方设法地令其改正。因此，明智的父母是这么做的：

（一）教育孩子要就事论事

面对孩子的错误，父母说的最多的话就是："我上次说的话你当耳旁风了吧，早就跟你说过不能这么做，看吧，还是做错了。"或"你怎么不长一点记性呢？我怎么会生你这么笨的孩子？"殊不知，正是因为这些话，给孩子的心理带来了阴影，同时也影响亲子关系的发展。其实孩子犯了错，没必要反复提起，就算孩子再犯类似的错误，父母也应该就事论事，而不是把那些陈芝麻烂谷子的事再次提起。

（二）父母要容忍孩子的缺点

人无完人，每个人总是存在着缺点和不足的。孩子在犯了错的时候，父母不应该在不问明原因的情况下，就想当然地把孩子的这次过错和以前的过错都联系在一起，而是应该遇到一个问题解决一个问题，这样才能帮助孩子不断进步。另外，父母还要有足够的耐心，懂得容忍孩子的小毛病，并帮助其改正，这才是明智的行为。

（三）要懂得原谅孩子

孩子还处于懵懂的年纪，自尊心和虚荣心都很强，如果父母反复提起孩子的错误，会让孩子感到无比的失望，进而打击孩子的自信心。无疑，父母应该懂得原谅孩子，给孩子足够的时间来弥补过失，从而增强孩子的信心。因为父母原谅孩子，孩子才会更努力地做好，避免以后再犯，这在无形之中也削弱了孩子的叛逆心理。

本 节 家 教 智 慧

过去的事已经成为过去，父母不要总记着孩子以前犯的错，否则会让孩子的自信心严重受挫。孩子在不断的犯错、不断的学习中长大，在成长的过程中，父母要学会原谅孩子的过错，不要动不动就翻孩子的旧账，这样很容易伤害亲子感情，也让孩子产生自己一无是处的错误认识。所以，父母在教育孩子时切记不要翻旧账，而要就事论事。

第五章

孩子的健康身体不是父母吼出来的

——孩子挑食、不吃饭既不能吼也不能叫

俗话说，身体是革命的本钱。而对于孩子来说，只有拥有健康的身体，才能更好地迎接美好的未来。因此，孩子的身体健康是父母心中的大事之一。为了使孩子拥有一副健康的体魄，父母们常常绞尽脑汁、费尽心机，努力改善孩子饮食的营养结构时时注意各种营养的合理搭配，有的父母甚至购买了贵重的营养品。但是孩子似乎并不领情，也不了解父母的一片苦心，挑食、偏食现象严重，有的孩子还把零食当正餐，养成一边吃零食一边看电视等不良的饮食习惯。面对这样的孩子，父母们试图通过吼叫的教育方式强制孩子改变不良习惯，然而却收效甚微，反而引起孩子对父母的反感和反抗，依旧我行我素。

其实，孩子挑食、不吃饭和父母有很大的关系。这是因为，父母平时对孩子太过宠爱，对于孩子提出的物质要求总是想尽办法满足，这就容易导致孩子养成挑食的坏习惯。此外，父母对食物的喜恶偏好及不良饮食习惯也会影响孩子。因此，即使孩子挑食、不爱吃饭，父母也不能一味地指责孩子，而应该从自身做起，树立健康饮食的良好榜样，还要注意不娇惯纵容孩子，对孩子的坏习惯要有耐心和信心，想方设法逐步帮助孩子改善不良饮食习惯。

1

大吼大叫硬让孩子"吃下去"，往往会有反效果

　　许多年轻的父母经常会因为孩子不肯乖乖吃饭而烦恼无比。当父母喂孩子吃饭时，孩子看到父母喂饭就躲，即使父母硬逼着孩子将饭吃到嘴里，孩子也会恶作剧般地吐出来。多经历几次之后，父母的耐心就会被孩子的执著反抗消磨殆尽。这时，父母就会抓狂，并大吼大叫地命令孩子吃下去。开始的时候，孩子可能会胆怯地因为父母的威吓而吞下去，但是渐渐地，倔强的孩子就不会屈服于父母的威胁，于是父母的大吼大叫又失去了约束力。而且在父母吼叫之后，孩子也会有样学样，并且会变本加厉，在任何场合都会用吼叫来宣泄自己的不满。

　　其实，小孩子不乖乖吃饭，和父母有很大的关系。孩子不愿意吃饭，父母硬逼着孩子吃，孩子就会大哭大闹。出于溺爱的心理，父母为了不让孩子继续哭闹就会选择屈服，而孩子一看到自己的哭闹能够达到目的，那么下次父母再强行逼孩子吃饭时，孩子也会采取相同的办法。如此这般恶性循环下去，等到父母失去耐心时，他们就会大吼大叫地威逼孩子**吃饭**，而孩子要么选择继续抵抗，要么被父母过激的反应吓倒而不情不愿地吃饭。这两种反应都不会令孩子开心，而且会对孩子的身心健康带来一定的负面影响。

　　两岁的贝贝是一个特别娇气的小女孩。由于家里没有其他的兄弟姐妹，贝贝是她们家唯一的中心，所以贝贝就如同一个小霸王一般，想怎样就怎样。妈妈每天最烦恼的事情就是给贝贝喂饭，每次到了吃饭的时候，贝贝就会躲起来，不愿意吃饭。所以，每次吃饭时，贝贝就在前面跑，爸爸或者妈妈拿着一碗饭、一把勺子在后面追，喊着："贝贝乖，咱们吃完饭就去玩哈！"听到喊声，贝贝反而会跑得更带劲，以为爸爸妈妈在和她玩游戏。

这样追了几次之后，贝贝还是不吃饭，妈妈就没有耐心了，大声吼道："贝贝，你再不过来我就生气了！"可是，贝贝仍然不屈服，回答道："我不要，我不要！"妈妈听到贝贝的话后，生气地吼道："贝贝，我现在给你一分钟的时间，你给我乖乖过来，不然你就别想看电视了！"

娇气的贝贝被妈妈的凶相吓倒了，抽抽噎噎，不情不愿地走到妈妈身边，乖乖地让妈妈喂饭吃。

孩子不愿意吃饭或挑食是一个令父母十分烦恼的事情。当父母们想尽办法都不能让孩子们吃饭时，许多父母常常会采取比较强硬的手段，比如吼叫、威胁。但是，这种方法虽然能够起到一时的作用，却不能够彻底解决孩子不愿吃饭的问题，而且还会让孩子对父母心生恐惧。而比较倔强的孩子还会和父母对着干，父母吼叫时，孩子为了发泄不满，可能会扔东西泄愤或者也冲着父母吼叫。其实，要想解决孩子不愿意吃饭的问题，不一定要采取吼叫的强制措施，父母可以从以下方面来解决这一烦恼：

（一）从孩子的饮食习惯抓起

父母可以根据实际情况，帮孩子制定出实际可行的措施：首先可以让孩子养成定时睡觉和吃饭的习惯，这样有规律地吃饭睡觉，在固定时间内给孩子喂饭或者让孩子睡觉，孩子就不会产生不适感；其次，鼓励孩子积极参加各项锻炼，加入各种游戏活动，如此便可以保证孩子拥有一个健康的心境；再次，父母要控制孩子吃零食的情况，孩子往往会因为吃太多的零食，到饭点的时候就不愿意吃饭了，因为过量的零食会严重影响孩子的食欲。所以，父母在给孩子零食的时候要注意零食的品种要适宜，食用零

食的时间和数量要适当。

最后，如果以上方法都失去效力，而且孩子也不是因为身体不适而不愿意吃饭时，父母就可以采用饥饿法。孩子实在不想吃饭就证明孩子是真的不饿，那么父母就没有必要强求孩子吃饭。此时，可以让孩子离开饭桌，去玩耍，等到孩子饿了，自然会去吃饭，而且还会吃得很香。

（二）激发孩子的食欲

孩子不吃饭可能是因为食欲不好，而经常不吃饭就不利于孩子健康成长，所以这个时候，父母就要好好想办法来激发孩子的食欲。

首先，父母可以向孩子讲讲不吃饭会带来的危害。比如告诉孩子如果不好好吃饭，身体就会变得非常差，抵抗力会下降，这样就非常容易生病。而生了病就要去看医生，要打针吃药。一般情况下，许多孩子都非常害怕打针，心中产生了恐惧，为了不打针，孩子自然会去吃饭。

其次，父母可以用正面鼓励的方法来让孩子吃饭。当孩子出现挑食、厌食的情况时，父母就可以用孩子最喜欢或者最敬仰的人的行为来激发孩子的食欲。比如说，父母可以对喜欢足球的孩子说："宝宝，你那么喜欢踢足球，将来想当运动员吗？你要当运动员的话，必须得有一个好身体。你只有吃得饱饱的，身体才能变得很强壮，将来长大之后才能够成为一名了不起的运动员！"孩子听了这样的话之后，自然会为了自己所喜爱的东西而顺利进餐。

再次，父母可以采用诱导选择法来使孩子吃饭。孩子年龄小，还没有形成自己的判断力，很容易受到大人的诱导，父母可以借助这个特点来达到使孩子吃饭的目的。比如，孩子不喜欢吃鸡蛋，那么父母通常会这样问孩子："你吃鸡蛋吗？"孩子肯定会毫不犹豫地回答道："不吃。"但是，如果父母用另外一种方式问的话，结果会大不相同。父母如果问："鸡蛋是非常有营养的东西，小孩子吃了之后会长得又高又壮，你是吃一个还是吃两个啊？"此时孩子会立刻回答道："吃一个！"孩子吃完之后，父母要多表扬孩子，受到鼓励，孩子下次就会吃得更多。

最后，父母还可以改进食物烹调的方法。孩子往往会因为食物的外观形状以及口味来决定是否要吃饭，因此为了让孩子顺利进餐，父母应该改善烹调的技术。如此一来就可以把孩子不愿意吃的食物做得色、香、味俱全，让孩子看到之后食欲大增，闻到或者是看到就想吃。即便是看到平常不喜欢吃的东西，味道、形状看起来那么诱人，孩子也会张口就吃。父母需要注意的是做饭时选料特别重要。比如好的大米做出来的米饭晶莹剔透，香气扑鼻，粒粒饱满可爱，孩子看了之后就很容易勾起食欲。做菜的时候，要选用新鲜的食材，这样不但能够确保营养，而且做出来的菜也会色泽诱人，色、香、味俱全。

（三）使孩子受到一定的约束

当父母用尽了办法仍然不能解决孩子不愿意吃饭的问题时，那么父母就要考虑采取一些强制性措施。科学实践表明，强硬一点对孩子在与父母相处时有一定的帮助。特别是当孩子不肯好好吃饭的时候，父母可以采用限时制的办法。具体做法就是：如果孩子特别喜欢看动画片，那么父母就可以规定孩子必须得乖乖吃完饭才能够看动画片，否则就不能看。于是孩子为了自己喜欢的动画片，通常都会遵从于父母的安排。如果孩子不喜欢看动画片，那么父母也可以借助孩子喜欢的其他东西来要求孩子吃饭。比如说，利用孩子喜欢的一个玩具，如果孩子不肯乖乖配合父母吃饭，那么就不允许孩子玩玩具。在采用这个办法时要求父母态度要强硬一点，执行规定一定要严格，不能因为孩子哭闹而选择屈服，不然的话这个方法不能达到应有的效果。所以在父母说服不了孩子，且孩子不讲道理的时候，选择让孩子受点约束也是一个明智之举。

本节家教智慧

父母关心孩子是人所共知的，孩子不吃饭、挑食当然会引起父母的担忧。着急的父母往往会用吼叫、威胁的办法来使孩子吃饭。但是，这种吼叫只会给孩子带来很多负面影响，也不能从根本上解决问题。或许孩子会迫于父母的压力而暂时屈服，但是当孩子知道父母的那一套吼叫并不能给自己带来实质上的可怕时，孩子就会继续选择不吃饭。因此，父母一定要采取正确的方法来让孩子吃饭。

父母挑食，你的孩子就学挑食

除了学习之外，孩子每天吃什么成为了许多妈妈最上心的事。"给孩子做什么吃是我每天必做的'家庭作业'。"很多妈妈都这样说道。由此可知，父母们为了让孩子拥有一个健康的身体费尽心思，而孩子出现挑食、偏食，更是令父母们头疼不已。人们还会经常听到父母们向医生或营养专家这样抱怨道："孩子从小就挑食，不爱吃蔬菜，不爱吃水果，米饭吃得也不多。"父母们往往只注意到孩子挑食、偏食，却未曾想过，也许孩子的坏习惯，正是父母一点一点"培养"出来的。

医学研究表明，孩子挑食、偏食，疾病因素仅占 9%，86% 为非疾病因素，包括不良的饮食习惯、不合理的饮食安排、恶劣的进食环境及父母和孩子的心理因素等。同时，营养专家还一针见血地指出，孩子的身体健康依赖于饮食中合理的营养搭配，即孩子营养不均衡，出现挑食、偏食现象，父母要负很大责任。如果父母首先就挑食、偏食，不为孩子做一个好榜样，孩子何来健康合理的配餐习惯呢？

父母是孩子的第一任老师。在日常生活中，孩子会模仿父母的各种行为习惯，包括饮食。其实，许多孩子开始时对食物是没有好恶之分的，可是在与父母的朝夕相处中逐渐受到父母的影响，对一些父母偏好的食物更加喜爱，父母很少食用的食物也不愿意尝试。不知不觉间父母将自己的饮食爱好潜移默化地传给了孩子，在无形中使孩子养成了各种挑食、偏食的坏习惯。

可见，家庭成员对孩子的饮食习惯影响巨大，比如，一个家庭中，爸爸不爱吃青菜，妈妈不爱吃猪肉，奶奶从来不买海鲜，那么孩子很可能把三个大人的这些饮食偏好全学会了，变得既不喜欢青菜，也不怎么吃猪肉和海鲜，长此以往，孩子的营养均衡将遭到严重的破坏。

面对挑食的孩子，父母的一贯做法是"威逼利诱"，试图通过恐吓、哄骗等手段说服孩子，但收效甚微。美国《饮食协会》杂志上的一篇文章分析了孩子挑食的两个主要原因，研究者指出，儿童挑食主要分为两种情况：一种是抵触尝试新的未知食物，专业术语为"新食物恐惧症"，研究发现，具有这种心理的儿童易产生焦虑，其焦虑指数通过实验测试大大高于正常儿童；另一种是拒绝将他们所熟知的食物进行花样翻新，研究者认为这可能与他们各自的生活经历有关。所以轻微程度的挑食在孩子中是一个很普遍的现象，父母无须过于担心，但是，如果出现特别严重的挑食、偏食，就容易形成一种病态心理。许多父母坚信，随着年龄的增长，孩子会自然而然地改变原有的饮食习惯，乐意尝试更多的食物，偏食现象自然也会逐渐消失。但事实并非如此。研究表明，孩子在两岁到八岁之间，喜爱的食物品种几乎没有变化，食物的选择较为稳定，并且，同四岁到八岁之间的孩子相比，两岁到四岁之间的孩子更容易接受新食物。这是因为孩子在婴儿时期，父母对孩子的饮食关注度高，有意识地给孩子尝试各种蔬菜食品，但随着时间的推移，孩子开始受家庭其他成员饮食偏好的影响，并且一些父母由于时间的关系也不愿意再提供丰富多样的新食物，于是孩子的饮食习惯大部分被家庭所左右。

原来，父母对孩子的饮食喜好具有如此大的影响，那么，要想改变孩子挑食、偏食的毛病，父母应该首先调整自身的饮食习惯，并结合其他方法，逐步丰富孩子的食谱，实现孩子的均衡饮食。具体可从以下几方面入手：

（一）了解孩子挑食、偏食的原因

当孩子不喜欢某种食物时，父母首先要耐心仔细地询问原因，弄清楚孩子为什么不喜欢，是因为这道菜的颜色、气味、口感，还是烹饪方式？如果仅仅是因为食物的外观，父母可以根据孩子的喜好改变菜的形状、颜色，吸引孩子的注意力，增添孩子的食欲；如果是因为食物不合孩子的口味，父母可以添加孩子喜欢的口感，如酸、甜、辣等，并改进烹饪方法，唤起孩子对食物的兴趣。另外，父母还可以在恰当的时机给孩子讲述该食物的营养价值，增加孩子对食物的了解程度，消除孩子对食物原有的偏见。

值得注意的是，父母在询问孩子挑食、偏食的原因时，一定要注意自己的言行和态度，应保持乐于倾听的友好态度，以避免孩子的抵触和反抗。

（二）从父母做起，为孩子树立均衡饮食的榜样

由于孩子的偏食、挑食习惯往往受父母的饮食观念和习惯的影响，那么，要想扭转孩子挑食、偏食的状况，父母应从自身做起，通过自身的良好饮食习惯为孩子做示范。首先，父母尽量不要在孩子面前或餐桌上谈论某种食物好吃或不好吃，或者食物的颜色、味道有什么异样之类的话，应灌输给孩子什么食物都是美味的，都必须摄入的概念，避免孩子产生食物是可以被选择的思想；其次，父母还可以利用孩子爱模仿成人行为的特点，在孩子面前做出表率，津津有味地边吃边称赞那些孩子不喜爱的食物，孩子受父母的影响和刺激，会潜移默化地开始接受原先不愿接受的食物。父母们一定要记住，只把丰富多样的食物摆在孩子面前是远远不够的，父母一定要亲自试吃，并对食物发表正面的评价，鼓励和推荐孩子尝试，这样父母的言传身教会比单纯的说教更有效果，更容易被孩子所接受；最后，孩子尝试新食物，父母应给予及时的表扬，使孩子形成全面均

衡营养的饮食观。

（三）与孩子一起进行餐前准备

为了增加孩子对食物的兴趣和了解，父母可以邀请孩子一起参与餐前的准备工作，带着孩子一起去超市采购，并一同清洗和烹饪食物，让孩子了解食物的制作过程。当孩子参与一些力所能及的食物准备工作，如买菜、择菜、洗菜等时，会提高孩子对事物的关注度和吸引力，而且孩子在吃自己准备的食物时，会有一种自豪感和成就感，"这些菜是我洗的"、"这道菜是我做的"，食物似乎变得更加美味，甚至连以前从未尝试的食物也会突然变得美味起来，这样坚持下去，就会逐渐消除孩子的挑食、偏食习惯。

（四）利用食物的营养价值和特殊功效改变孩子的偏食

许多孩子仅仅是因为父母的一句"不好吃"，或者食物的颜色形状不好看、味道不好闻而挑剔食物，甚至从未品尝过就出现厌恶心理。面对这样的孩子，父母除了在食物的烹饪、摆放上花心思外，还可以通过食物的营养价值和功效诱导孩子。比如许多女孩在乎自己的容貌身材，父母可以向孩子灌输某种食物具有美容减肥的功效来增加孩子对食物的兴趣，鼓励孩子进行尝试，也许孩子依旧对某种食物不感兴趣，但是为了美容、减肥或其他目的，会进行少量的尝试，甚至还有可能随着孩子经常性地摄入该种食物，逐渐习惯该食物的气味、口感，进而就会变得喜爱起来。

（五）避免强迫孩子吃不喜欢的食物

当孩子不喜欢某种食物时，父母不要强迫孩子进食，这样会加深孩子对该食物的反感。其实父母应该给予孩子在合理范围内选择食物的自由，不过度干涉孩子的饮食喜好。如果父母强制进食只会增加孩子挑食的可能性，使孩子厌恶的食物变得更多。对此，营养专家也指出，许多儿童在成长期都会有一些正常的挑食、偏食行为，这与孩子独有的个性特征和个人喜好密切相关，这一类的挑食会随着孩子年龄的增长而逐渐克服。在改变孩子挑食、偏食习惯的问题上，父母的责任是在合适的时间内提供孩子合适的饭菜，保证孩子的营养均衡和身体健康成长的需要。这就要求父母在此过程中一定要有耐心，而且在指导孩子的饮食时，不要用威胁或哄骗的手段。此外，在培养孩子丰富食物品种时，一些苦味或有特殊怪味的食品不必强求孩子去吃。

本 节 家 教 智 慧

挑食、偏食是现今孩子普遍存在的一种现象，尤其是独生子女家庭，挑食、偏食现象尤为严重。孩子正处于生长发育的重要时期，需要补充大量的营养元素和能量，如果孩子长期挑食、偏食，会造成营养摄入的不均衡，继而会引发各种相应的疾病。孩子挑食、偏食后果严重，是令许多父母十分困扰和头疼的事情，但是父母们往往不明白，孩子挑食、偏食很大一部分原因是受了父母的影响。因为在日常相处过程中，孩子会下意识地模仿父母的行为习惯，父母对食物的偏好在无形中传达给孩子。当父母挑食、偏食时，孩子就会学着挑食、偏食。因此，要纠正孩子挑食、偏食的习惯，父母应该以身作则，并指导孩子实践均衡营养的饮食形态，共同迈向健康之路。

3

孩子爱吃零食不爱吃饭其实都是父母惹的祸

当前，儿童食品满目皆是，电视里鲜艳诱人的食品广告，商店里琳琅满目的食品货架，无一不吸引着孩子们的注意力。孩子平时偶尔吃点零食并无大碍，但是许多孩子对零食爱不释"口"，甚至到了为了零食而放弃正餐，或直接把零食当作正餐的地步，这就令人担忧了。孩子对零食的极度嗜好和依赖与父母的行为态度紧密相关，甚至可以说许多孩子爱吃零食的习惯都是父母惯出来的。因为有些父母把买零食作为疼爱孩子的表达方式，还有些父母自己爱吃零食，孩子自然也会跟着吃，上述种种情况最终会导致零食成为孩子的主食，使孩子养成爱吃零食而不爱吃饭的习惯。

星期六的中午，贝拉一家正坐在桌前享用午餐，贝拉飞快地吃了两口菜就准备离开餐桌，贝拉母亲感到十分奇怪，问道："贝拉，今天米饭怎么剩了这么多，菜也没怎么吃，是不是胃口不好？""没有，今天上午带着贝拉出去玩，路过超市贝拉吵着肚子饿，就给她买了一块蛋糕和一小袋饼干，现在肯定吃不下饭了。"贝拉的爸爸说道。"那怎么行，光吃蛋糕、饼干不吃饭，是达不到营养均衡的。"贝拉母亲皱起了眉头，并劝说贝拉，"再吃一点饭，不然等到下午又饿了。""不要，反正饼干还没吃完，下午要是饿的话就再吃一点，现在没有胃口。"贝拉对着桌上的饭菜一点食欲都没有。"以后餐前不准吃零食！"贝拉母亲十分生气，对女儿命令道。"凭什么，又不是你买的，是爸爸给我买的。"贝拉不悦地反驳道。"是呀是呀，孩子只是肚子太饿了，吃点零食也没有关系。"看着母女俩越说越激动，贝拉的爸爸开始打圆场。有了父亲的撑腰，贝拉显得底气十足，并说道："还是爸爸好，吃零食又不犯法，为什么管我？"看到丈夫不帮自己反而惯着女儿，贝拉母亲十分头疼，他对贝拉的父亲说："你就是这么惯着孩子，你看贝拉越长越瘦，一副营养不良的样子！"

因为父亲的宠爱，贝拉餐前吃零食的毛病一直没有改掉，饭也吃得越来越少，最终出现了严重的胃病，直到这时贝拉的父亲才追悔莫及，后悔不该骄纵女儿。

父母对子女的疼爱毋庸置疑，但一定要以理智、正确的方式爱孩子，要明白孩子长期将零食代替正餐对身体的健康发展十分有害。并且，大部分零食中含有大量的味精、香料等调味品，刺激性强，长期大量摄入会使孩子的味觉迟钝，食欲下降，而淀粉摄入过度，容易产生饱腹感，使孩子感觉不到饥饿，从而减少主食的食量；而且，多数零食的主要成分是糖和面粉，而营养元素的含量却很低，孩子经常吃零食而不吃饭会引起各种维生素和无机盐类的严重缺乏，营养摄入不均衡，身体素质就会不断下降；此外，爱吃零食的孩子饮食规律紊乱，会干扰消化功能的正常运行，使胃肠得不到应有的休息，严重者还将直接导致胃肠疾病。

为了预防或纠正孩子爱吃零食不爱吃饭的毛病，父母可以从以下几点做起：

（一）采用循序渐进的方法帮孩子戒掉零食

如果孩子钟情于零食，对正餐完全提不起兴趣，父母不必强迫孩子立刻戒掉零食，可采取逐渐减量的方法。而强制性地帮助孩子戒掉零食只会引起孩子的反感和抵抗，此时父母要有耐心，鼓励孩子每天少吃一点，直到不影响正餐。

（二）为孩子挑选一些有营养的零食

许多父母一提到零食就直摇头，认为零食就是垃圾食品。其实不然，零食中有不少是健康食品，适当进食有助于孩子的身体健康。如各种水果、可直接食用的蔬菜（包括黄瓜、西红柿、萝卜等）、果干（葡萄干、地瓜干、山楂干等）、蒸煮或烤制的红薯、酸奶、纯鲜牛奶、鲜榨果汁等。父母可以结合孩子的个人口味，逐渐用健康零食替代垃圾零食。

（三）让孩子了解垃圾食品的危害

对于垃圾食品，孩子尽量要少吃甚至不吃，如冰激凌、麻辣条、糖果和薯片等膨化系列食品。因为这一类的食品营养价值不高，且在加工过程中往往会加入大量的防腐剂、香精、甜味剂、色素等食品添加剂来美化食物的颜色、气味，勾起人们的食欲，甚至含有人工合成色素。许多外国的研究报告均对人工合成色素做过详细的研究，认为婴幼儿、青少年长期摄入人工合成色素，会增加少儿多动症的发病率。因此，父母若要控制孩子的零食量，最关键的就是要控制这些垃圾零食的食量。在超市购物的过程中，父母可与孩子一起选择食品，引导孩子注意、识别食品的标签，使孩子了解到某种食物的原料成分和简单的加工过程，当孩子读懂标签后，就会自觉远离一些不健康的食物。

（四）固定开饭时间

尽量固定三餐的用餐时间，并且养成全家人一同在餐桌上就餐的习惯。父母可根据孩子的饭量规定一个范围值，孩子必须吃完自己的那一份饭。如果孩子拒绝吃完，之后又喊饿的时候，就不再给孩子任何零食，长此以往，可以使孩子养成定时、定量进餐的习惯。

本节家教智慧

　　父母们常常抱怨孩子光吃零食不吃饭，却没有想到，孩子养成这一恶习，很大程度上正是父母们惯出来的。如没到进餐的时间孩子就喊饿继而吃零食，平时购物的时候孩子吵着要吃某类零食等，面对这些情况，父母的做法通常是顺应孩子，总以为孩子吃点零食没有关系，却不知长此以往会影响孩子正常的食欲，使孩子出现营养不良、身体健康素质下降的现象。因此，为了孩子的健康，父母应尽量减少孩子零食的食用量，并为孩子挑选健康的零食，从而使孩子远离垃圾食品，养成良好的饮食习惯。

4

改掉一边看电视一边吃饭的坏习惯

　　许多父母们为孩子沉迷于电视而吃饭过慢的习惯大伤脑筋，特别是晚餐的时候，正是动画片和电视剧播放的黄金时间，许多孩子都养成了一边看电视一边吃饭的坏习惯。

　　威尔斯先生同样也为儿子吉姆吃饭时看电视的习惯困扰不已。孩子在五岁之前，一直在乡下的爷爷奶奶家生活，由于缺乏娱乐活动，老人家又宠溺孩子且没有吃饭不能看电视的意识，每天到了进餐时间，祖孙三人就围着电视一边看吉姆喜爱的动画片一边吃饭，后来威尔斯先生把儿子接到自己的身边，儿子也仍然不改旧习，每到吃饭时，就打开电视看动画片。威尔斯为了孩子的健康，便与吉姆商量："我们吃完饭再看怎么样？这些动画片你已经看了不止一遍，吃饭的时候就好好吃饭吧。""不要！不看电视我就吃不下饭！"父亲的提议遭到吉姆强烈的抗议。不管父亲如何劝说，吉姆就是不肯答应吃饭时放弃看电视。威尔斯先生和儿子一直僵持着，最终威尔斯先生决定退一步，放宽条件："那就看五分钟，五分钟之后给我乖乖回到餐桌前好好吃饭。""看十分钟！"吉姆开始和父亲讨价还价，威尔斯先生明白孩子的习惯一时半会也不可能彻底改变，只好答应了儿子的要求，并且隔一段时间就耐心地与吉姆商量着缩短吃饭时看电视的时间，终于渐渐地，吉姆吃饭时已经不再需要看电视了。

　　其实孩子一边吃饭一边看电视，会造成许多负面影响。美国宾夕法尼亚大学的研究人员通过研究证实：吃饭时看电视会降低孩子的食欲。研究表明，如果三岁到五岁之间的学龄前儿童边看电视边进餐，他的饭量肯定比那些专心吃饭的孩子要小得多。这是因为除了生理因素外，外部因素也可能通过条件反射影响食欲。孩子边吃饭边看电视，精力主要集中在电视上，而忽略了食物的味道，使原本已有的食欲因收看电视受到抑制而降低甚至消失。

另外，看电视的孩子吃的零食量会远远超过不看电视的孩子。英国布里斯托大学的研究人员用实验对这一点进行证明：他们把参加实验的人员分成两组，并提供内容完全相同的午餐，一组边看电视边吃饭，另一组则专心吃饭，饭后半小时研究人员还为参加实验者准备了饼干点心，结果显示，第一组的人员吃的饼干分量几乎是第二组的两倍。研究人员的解释是，因为看电视会分散人的注意力，使人忘记自己吃了多少东西，在实验者饭后列出的午餐菜单测试中，边看电视边吃饭的组员和专心吃饭的组员相比，更容易忘记自己吃了什么。此外，美国斯坦福大学医学系的研究人员指出，孩子看电视的时间越长，就越容易向父母提出想吃零食的要求。研究人员选取了800名三年级的孩子，并对其进行了追踪调查，这些孩子平均一星期看22个小时的电视，面对电视节目里的食品广告，这些年少的消费者们购买欲望大增，三个星期就要尝试两种新食品。

吃饭时看电视不仅影响人的食欲，还存在其他潜在的危险。人在吃饭时，体内的消化液和血液会帮助肠胃消化食物，当人们边吃饭边看电视时，大脑会因看电视而消耗大量的血液，从而与肠胃争夺资源，导致体内血液供应不足，一方面，肠胃血液供应不足，影响食物的消化和营养的吸收，甚至引发慢性肠胃疾病；另一方面，大脑没有充足的血液维持正常的运行，时间一长，就会产生缺氧、头晕、眼花、神经衰弱等。此外，过于集中关注电视而导致吃饭的时间延长，不仅饭菜变凉，还容易出现咀嚼失误，如咬到舌头等危险发生。

因此，对于成长发育中的孩子来说，吃饭是一件需要专心的事情。为

了保证孩子的身体健康，父母可以通过以下方法来帮助孩子戒掉边吃饭边看电视的行为：

（一）减轻孩子对电视的依赖

许多父母发现，电视对于孩子有着巨大的魔力，尤其是假期的时候，一些孩子几乎成为电视的奴隶，除了睡觉时间外，几乎整天都泡在电视里，更不要说吃饭的时间了。其实，孩子对于电视的依赖，并不是什么十分严重的问题，只要有更有趣的事情可做，孩子们通常是不会过分迷恋电视的。许多孩子看电视并不是因为喜欢，而是一种无聊和习惯，当无事可做或没有什么能使孩子感兴趣的事情出现时，孩子就会习惯性地随手按下电视的开关按钮。因此，父母要想改变孩子吃饭时看电视的坏习惯，首先要减少孩子对电视的依赖，转移孩子的注意力，如平时多带孩子出去走走、参加一些户外活动、培养孩子健康的兴趣爱好、减少孩子在电视上所花的时间等等。电视节目是分时间段的，也有节目表，父母可以和孩子一起制定一份进餐和看电视的时间表。这样随着时间的推移，当孩子接触电视的时间越来越短，进而电视不再成为孩子生活的主题时，电视对孩子的吸引力自然会逐渐减弱，即使到了吃饭的时间，孩子也不会想去开电视。

（二）教导孩子学会品尝食物，感受进餐的美好

在吃饭的时候，父母可以以身作则，教导孩子专注于食物的味道和嚼劲，享受食物的香味和口感，感受它给人们带来的快乐和能量。同时父母可以根据孩子喜爱的口味来烹饪食物，使食物变得更加诱人和吸引孩子的注意力；还可改变餐具，买一些印有孩子喜爱的图案的碗碟，孩子总是喜欢拥有属于自己的与众不同的东西，可以邀请孩子一起选购他满意的餐具，提高孩子用餐的欲望。

（三）保持愉快的进餐气氛

在吃饭时，父母们往往会有两种表现：一种是沉默寡言，一心只知道埋头吃饭，不准孩子吃饭时说话，这种无声的气氛会使孩子感到压抑，使孩子产生逃离餐桌的想法；另一种是吃饭时父母喋喋不休，不断地重复孩子不想谈论的话题，如询问孩子的考试成绩、教训孩子等，这样既影响食欲，还使得孩子不愿与父母一同用餐。当孩子不愿坐在餐桌上和父母一起吃饭时，看电视吃饭便成为了孩子的首选。因此，父母要想使孩子吃饭时不看电视，应该努力营造愉快、轻松的进餐氛围，如和孩子进行一些简单愉快的餐桌交流，这样既能拉近父母与孩子的距离，又能让孩子养成健康的进餐习惯。

本节家教智慧

边吃饭边看电视弊端多。作为父母，为了孩子的身体健康，应循序渐进地帮助孩子摆脱电视的诱惑。父母要让孩子明白边吃饭边看电视的严重危害，减少孩子看电视的时间，并借助其他事物转移孩子对于电视的注意力，逐步纠正孩子的不良行为；在帮助孩子改善行为的过程中，父母们不可采用过于强硬、粗暴的方式，以免孩子产生抵触情绪；还要尊重孩子的感受，通过鼓励和合理的引导使孩子戒掉电视瘾。

5

父母静心分析孩子挑食的原因，教会孩子合理饮食

相信很多父母在孩子的成长过程中都会遇到这样的问题：孩子挑食、偏食、不吃饭。父母为此忧心忡忡，担心孩子营养不良，没有健康的身体。因此，纠正孩子挑食、偏食、不吃饭的坏习惯便成了父母需要认真对待的重大问题。

据《健康报》发表的一则新闻称，中国一些大城市中，在 1 到 7 岁的年龄段约有 44% 的孩子有不同程度的偏食、挑食或不吃饭的坏习惯。而挑食、偏食或不吃饭会造成孩子营养不良，进而严重影响孩子的生长发育和智力发育。父母在面对孩子挑食、偏食的坏习惯时，总是不懂得控制自己的情绪，对孩子大吼大叫："你吃不吃？不吃的话就什么都别想买了！"或者："快点吃，不吃就不准看电视。"这样的教育方式会让孩子对父母产生厌恶。俗话说："强扭的瓜不甜。"父母要想让孩子心甘情愿，就必须要有正确的教育方法，这样孩子才会听话。

由于孩子年龄小，不懂得分辨好坏，也不懂得控制自己，于是对待喜欢吃的东西就大吃特吃，对待不喜欢吃的东西则一点都不碰，父母如果不加制止的话，就容易养成挑食、偏食、不吃饭的坏毛病。对此，父母在纠正孩子的不良嗜好上就起到了重要作用。谁都知道，孩子不挑食，身体才会棒。但是，必须引起父母重视的是，改掉孩子的坏习惯不是父母吼出来的，一味地对孩子训斥，是不可能帮孩子戒掉挑食、偏食、不吃饭的坏毛病的。那么，父母应该怎样引导孩子合理地饮食，改掉挑食的坏毛病呢？

其实，最主要的就是要先分析孩子挑食的原因。

孩子挑食、不吃饭是多种因素相互作用的结果。比如说父母挑食，孩子有样学样；父母的纵容，允许孩子挑食；孩子身体不适，消化力减弱，食欲不振；不良饮食习惯，经常在饭前吃零食；就餐气氛不和谐等等。各种各样的因素造成了孩子挑食、偏食、不吃饭的坏毛病。如果发现孩子挑食、不吃饭，父母应给孩子讲道理，告诉他为什么不能挑食、不吃饭。比如说，当父母辛辛苦苦准备了一桌丰盛的饭菜，而孩子却皱着眉头，这也不想吃，那也不想吃，父母肯定会感到失望，但是切记不能用大吼大叫的方式来教育孩子，父母可以通过具体的事例来告诉孩子："你看，妈妈种的玫瑰如果只是每天给它浇水，而不给它除草、施肥，即使再怎样喜欢它，它也长不到像现在这样好，它的叶子不可能这么水灵，它的花朵也不会这么娇嫩，而是没有生机，皱巴巴的。人也是这样的，如果你总是挑食、不吃饭的话，身体就会因为缺少营养而变得消瘦，也会很容易生病，就会长得像没有施过肥、除过草的玫瑰了，到时候就会很难看哦。"相信如果父母能这么有耐心地用具体的事例来教育孩子，孩子肯定会放在心上，并逐渐改掉挑食、不吃饭的毛病，进而养成良好的饮食习惯。

班尼小时候长得白白胖胖的，很招人喜欢，可现在越来越大，他变得特别挑食，经常不吃饭，身体素质也不如以前了，经常动不动就生病，为此爸爸妈妈十分忧心。

由于大人的疏忽，现如今很多小孩都有挑食、不吃饭的坏毛病。比如说有的孩子喜欢吃甜食，有的孩子喜欢吃辛辣食物，有的孩子吃菜只吃荤，有的孩子只喜欢吃素。要想彻底改掉孩子的这些坏毛病，需要父母运用正确的教育方式，教会孩子合理地饮食，只有合理搭配营养，才能让孩子健康成长。因此，父母应该注意以下几点：

（一）控制孩子吃零食的数量

很多孩子都有饭前吃零食的习惯，由此导致他们在该吃饭的时候吃不下，于是便养成了不吃饭的坏习惯。众所周知，零食中最常见的就是那些垃圾食品，包括油炸类、腌制类等。这些食物中热量含量高，易造成孩子发胖，对孩子的身体健康产生不利影响。而且零食吃多了会上瘾，这样孩子得厌食症的几率也会上升。父母应该有意识地控制孩子吃零食的数量，或者用他喜欢的水果、蔬菜来代替他所喜欢的零食，循序渐进地纠正孩子偏食、挑食、不吃饭的坏毛病。

（二）饭菜的品种要多种多样，以促进孩子的食欲

很多孩子挑食、偏食和不吃饭，很可能就是因为餐桌上日复一日的同类菜式，造成孩子胃口不佳。父母应该每周制定不同的食谱，每次更换不同的菜式，以引起孩子的关注。对于孩子不喜欢的食物，可以一种菜换不同的做法，引起孩子的食欲。比如说，孩子不喜欢吃胡萝卜，单单这样炒的话孩子肯定不会吃，但如果父母把胡萝卜切成丝剁碎，加进肉末里包成饺子，孩子表面上看不到胡萝卜自然就会吃了。所以对于孩子挑食、偏食的毛病，父母一定要引起重视，要经常更换菜谱，以刺激孩子的味觉、视觉，达到促进食欲的目的。

（三）合理搭配孩子的饮食，改变孩子的饮食习惯

根据"早餐要吃好，中午要吃饱，晚餐要吃少"的饮食原则，来合理搭配孩子的饮食营养。早餐是保证人一天体力的重要一餐，要多吃些碳水化合物、膳食纤维和蛋白质的食品，如面包、水果、牛奶等。中餐则要荤素搭配，比如鸡、鸭、鱼、肉、蔬菜等，但是要切记不能太过油腻。晚餐则以碳水化合物的食物为主，而蛋白质、脂肪类等食物尽量少吃。临睡前喝一杯牛奶，以保证良好的睡眠质量。因此改变孩子的饮食习惯，要从一

日三餐抓起，制定合理的饮食菜谱，以提供孩子成长所需的营养，让孩子健康快乐地成长。

（四）父母要时刻关心孩子的情绪变化

有时候，孩子挑食不吃饭，并不是故意而为之，可能是因为生病引起肠胃不适造成的。这时，父母应该引起重视，细心询问孩子的饮食情况，以便及时发现问题，查出孩子胃口不好的原因，及早解决问题。

本 节 家 教 智 慧

　　孩子挑食、不吃饭是很常见的现象，父母必须加以重视，因为偏食、挑食等状况继续发展下去会给孩子的身体健康产生不利影响，如生长发育缓慢、智力低下、免疫力下降、学习能力下降等。那么，父母在面对孩子挑食、不吃饭时，首先要做的便是分析挑食的原因，再进行适当的引导，教会孩子合理饮食，切不可大吼大叫，不分青红皂白地一顿训斥，这极易引起孩子反感，导致亲子关系出现裂痕。

HAPPY HOUSE

第六章

不吼不叫才能拉近与孩子的距离

——孩子和你亲不亲关键看你对孩子的态度

　　许多父母都希望能与孩子保持和谐的关系，无拘无束地与孩子交流谈心，可是现实中往往不如人意：孩子放学回家，吃完饭就一头扎进自己的小屋，不和父母多说一句；父母主动与孩子沟通，孩子也爱理不理，还常常将"你是不会理解我的"、"你不懂"之类的话语挂在嘴边，刻意与父母保持一定的距离。当父母们为这种疏远的关系伤心不已，责怪孩子不理解自己的苦心、不懂事时，是否考虑过自身的问题？

　　其实，父母的态度才是根源，孩子与父母亲不亲关键在于父母对待孩子的态度。

1

和孩子做朋友，拉近父母与孩子的距离

现实生活中，人们经常听到父母们这样抱怨自己的孩子："有什么事都不跟我说，我一讲话他就不耐烦，太不懂事了。"在许多父母眼中，错的似乎永远都是孩子，而从来没有思考过自己对待孩子的态度，父母总是埋怨孩子不争气，却很少反省自己。

许多父母和孩子的相处过程都重复着这样一个模式：先是倍加宠爱，抱以极高的期许，而后发现孩子并不了解父母的好意和苦心，并不愿按父母的意思行事，甚至和父母对着干，父母开始恨铁不成钢，继而在失望阴影的笼罩下向孩子施加压力，恐吓、威胁、大吼大叫、厉声斥责轮番上阵，与孩子关系逐渐变得紧张，最后这些手段也失去了效应，孩子依然我行我素，父母也越来越没有耐心，有时候吼两句，更多的时候就放任其行。长此以往，孩子与父母的关系也愈见冷淡，孩子有心事也不愿和父母说，两代人之间的代沟不断加深。

由此可见，亲子关系的恶化和许多父母的教育方式紧密相关，起初是宠爱和过高的期许，接着是惩罚吼叫，最后是放任自流，这种普遍而刻板的教育方式造成了父母与孩子的距离日渐拉大。可以说，这种隔阂是父母们亲手造成的。许多父母由于自身的优越感太强，认为自己懂得的比孩子多，所作所想都是正确的，都是为孩子考虑，等孩子长大一定会明白父母的良苦用心，却很少站在孩子的角度考虑问题，倾听孩子真正的想法或者明知孩子有不同意见，但主观地认为孩子的想法简单幼稚，可以忽略不计。简而言之，就是父母习惯把孩子作为管教的对象、自己的员工，而不是平等交流的朋友。其实，父母只有学会和孩子做朋友，尊重和理解孩子的想法，才能拉近与孩子之间的距离。

金春明夫妇便非常善于与孩子交朋友，夫妇二人不但个人事业显著，同时教子有方，四个儿女均先后成才，在国内外读取博士学位，经媒体报道后在社会上引起广泛关注。金春明夫妇面对孩子，从不耍霸道、不分缘由地吼叫、责骂。有时，他们即使明明很生气，但仍能努力克制自己，耐心和孩子交流。在金春明家，有一个谈话小屋，不论孩子是否有错，谈话小屋始终保持着民主、和谐的气氛，有时候遇到孩子的顶撞，金春明夫妇也能很快调整过来。

金春明的第三个孩子金侠在上初中的时候，有一次，老师向金春明夫妇反映孩子的上课情况："金侠大闹历史课堂，一堂课都没法上了。"金春明夫妇了解自己的孩子，金侠自小就思想敏锐、喜爱思考、很有自己的主见并且脾气倔强。此外，儿子的自尊心极强，对自己要求严格，做事力求完美。如果老师所言的事情有一点不属实，儿子是很难接受的。金春明夫妇把儿子叫入了谈话小屋，由于金侠的情绪一直很抵触，所以这次谈话开始进行得并不顺利。

金春明首先说道："老师和我说，你在历史课堂上和老师顶撞，使老师没法正常上课，现在学校里传得沸沸扬扬。"当金春明转述完老师的话后，孩子立刻气鼓鼓地反驳道："老师说的不对，事实不完全是这样，老师自己也有问题。"

"老师有什么问题？"

"老师说我们像《智取威虎山》里的土匪。"

"老师不可能轻易说这种话吧，你是不是听错了？"

"就是那样，一点没错。"孩子回答得很干脆。

"你把整个事情的经过详细地讲一遍。"金春明夫妇认为有必要在了

解事情的全过程之后再进行判断。

孩子开始讲述事情的发生过程："打上课铃时，老师正好准备跨进教室，由于上课铃还没打完，教室里还一团乱，当场老师就喊：'你们简直像《智取威虎山》里的土匪。'我觉得老师这话说得不对，当老师走到讲台上时，我就站起来和他提意见：'老师，您怎么能把我们比喻为土匪呢？'老师回答说：'你看你们当时乱的样子。''下课时，同学们都在玩，上课铃刚响，同学们正准备回自己的座位，怎么可能不乱？可是您进教室后，我们马上就坐好了，又不是在课堂上捣乱。'我就解释了一下，老师听后就气愤地离开教室了。"

金春明夫妇听了孩子的解释，觉得儿子抓住老师说学生像"《智取威虎山》里的土匪"这一点并不是完全的无理取闹。当时的样板戏很流行，每个人都知道威虎山里的土匪是非常坏的角色，被人们唾弃为"人渣"。用这个来比喻班里的学生，确实不妥，容易伤害孩子的自尊，所以儿子才会无法接受。

于是，第二天金春明夫妇就向老师解释了原因，说明孩子和父母的想法，老师此时也已经冷静了许多，说道："金侠讲的是对的，是我比喻不当，随口用那么重的话批评孩子，孩子接受不了是正常现象。金侠一向反应敏锐，立马向我提出反驳，也无可厚非，有时间我会和金侠再好好谈谈。"金春明夫妇明白老师已经气消了，并且也十分理解孩子，就向老师建议道："老师，请您明天主动找金侠谈一谈，可以吗？"老师立马答应了下来。

大约两天后的一个晚上，金侠放学回家很高兴地向金春明夫妇说道："老师找我谈话了，他承认了错误，我也承认了我的不对。""你错在哪里？"金春明夫妇问道。"就是你们和我讲的那些呀，老师态度特别好，还希望我有问题多提意见，不过最好下课谈。"儿子乐呵呵地说。一次课堂风波就在金春明夫妇的协调下安然化解了。

金春明夫妇和孩子平等相处、交谈，而不是在听到老师的"告状"后就勃然大怒，吼骂儿子，所以才会使孩子很容易接近父母，愿意和父母讲明原因，探讨问题。所以作为父母，与孩子相处，一定要有一颗平等、民主的心态，否则，就没办法和孩子真正交朋友，只会把孩子吓得远远的，而心里并不服气、不认同，更有甚者产生逆反心态，故意和父母对着干。父母和孩子交朋友，建立民主和谐的家庭气氛，首先应该做到以下两点：

（一）学会民主、平等地理解孩子

随着年龄的不断增长，孩子逐渐表现出一个重要的心理特征——自主性。当孩子自我意识觉醒后，他们不再喜欢父母们仍把他们当成小孩看待，强烈要求自主、自作安排，尤其是男孩，这方面表现得更为突出。这时候，父母的吼叫、毫无道理的斥责、不容分说的批评，只会造成孩子心理上的反感。即使孩子表面依旧顺从，但也只是阳奉阴违，久而久之，孩子和父母之间会愈加对立，出现父母埋怨孩子不理解父母，孩子却埋怨父母不理解子女的局面。其实，父母和孩子之间的理解是互相的，作为父母，不应当只强调孩子如何理解父母，反过来也要理解孩子，站在孩子的立场上看待和判断问题。要知道，真正的理解是相互的，是建立在平等、民主的基础之上的。

（二）不要假意询问孩子的意见

一些父母为了表现民主，经常这样征求孩子的意见：

"今天你想吃什么？"

"想吃红烧肉！"

"天天吃红烧肉，对身体不好，要多补充点蔬菜，我们今天吃胡萝卜和青菜吧！"

"嗯……"孩子无奈地说道。

在这里，父母好像是在询问孩子的意见，却并非真正参考孩子的想法，有时候仅是问问而已，其实父母心里早已做好了决定，征求孩子意见不过是做表面文章。不管孩子的回答是什么，结果都不会有任何改变。

可是，孩子毕竟是孩子，他们没有那么复杂的思维，他们认为，父母问他们了，那就是在征求他们的意见，可是当父母问了，孩子也做出决定了，最后父母却没有按照孩子的意见行事，并且没有说明缘由，或者是随便敷衍否定他们的建议，孩子的失望可想而知。孩子不禁要问："既然父母并不是真的想把这件事情的决定权交给自己，却为什么又给了自己选择的权利呢？"所以，即使父母询问了孩子的意见，仍旧给孩子一种不尊重、不重视的感觉。显然，当父母已对某事坚定想法，不会改变时，请不要假意询问孩子的意见，其效果只会适得其反。

本节家教智慧

许多父母虽然会尽量满足孩子的物质要求，却往往忽视孩子在心灵上的想法。而孩子在家中根本没有发言权，在他们的父母看来，孩子还小不懂事，只要遵从父母的意愿就好，一旦孩子不听话，就认为孩子不理解父母的苦心，责骂批评孩子。其实，如果父母转变态度，把孩子当作自己的朋友，民主、平等地对待孩子，尊重孩子的想法，孩子会敞开心扉，体会父母的苦心的。同时，孩子和父母的距离也会逐渐缩小，共同营造和谐、友善的家庭氛围。

2

说教和批评更容易产生距离和怨恨

孩子常常拒绝和父母对话，他们讨厌父母"滔滔不绝"的说教、"振振有词"的批评，他们认为父母过于喋喋不休，且毫无用处，只会令人反感。"为什么每次问一个小问题，父母都要给出那么长的答案？""为什么简单的一句话，父母能挑出那么多毛病？""父母总是忧心忡忡，或疾言厉色，或喋喋不休。"……在这些带着说教和批评的家教中，大部分的孩子并不理解父母的苦心，反而因为父母的说教和批评产生距离感，甚至是怨恨。

一位从事家教研究的学者曾经无意听到一对父子的谈话，他惊奇地发现，父亲与儿子的对话听起来像两段独白，二人都不在乎对方说什么，一个一味地批评和命令，另一个则自顾自地否认和辩解。这段毫无意义的交流不是因为父子之间缺乏爱，而是缺乏尊重。父亲也许并不是一个冷酷无情的说教者，但是他一定是一个不懂沟通技巧的爸爸，面对孩子的辩解，只能通过不断的指责和命令试图镇压、说服孩子。这样的无效沟通在生活中十分常见。

一天傍晚，由于老师布置的作业实在是太多，约翰感觉自己做不完，十分烦躁，在卧室里一边写作业，一边埋怨老师。这时，约翰的妈妈下班回家了，刚踏进家门还没来得及脱掉外衣，约翰就从卧室里冲了出来，并开始向妈妈抱怨老师，希望能得到妈妈的安慰："今天老师布置了好多家庭作业，我就是花上一年时间也写不完，我怎可能在明天早上之前把这篇

论文完成？我还有上个星期的一个课题没有完结，明天交作业时，老师肯定会对着我大吼，说我不努力学习，作业都完成不了！"约翰的妈妈听了儿子的话，并没有如儿子所愿站在孩子这边，反而立刻失去了冷静，冲着约翰大声吼叫："我的上司比你的老师还要苛刻、令人厌烦呢，可是你什么时候听到我抱怨了吗？怪不得老师批评你，你就是懒，不能完成作业还找这么多借口，还要抱怨老师，赶紧做作业，不然考试又不及格。"约翰的满腔委屈瞬间转化为对妈妈的愤怒，他怒气冲冲地回到了自己的房间，并把门锁上，即使妈妈喊他出来吃晚饭也一声不吭，不肯开门。这时，约翰的妈妈感到刚刚的话说得太重了。其实，儿子只不过是抱怨几句，希望能得到自己的同情和理解，而自己却火上浇油地把孩子大骂一顿。约翰妈妈心里感到非常后悔和内疚，却又不知道怎么挽回。接着，约翰和妈妈一直冷战了好几天，慢慢地才好转起来，但是以后约翰和妈妈讲学校里的事情越来越少了。

面对孩子的抱怨和烦恼，约翰妈妈用了错误的沟通方式，她只要同情孩子，理解孩子的烦恼，然后说上一句："哦，老师布置的作业是有点多，怪不得你会觉得着急，现在抓紧时间写，只要尽力去做了，老师会谅解你的。"然而，约翰妈妈没有这样做，更没有养成尊重孩子、向孩子敞开心扉的习惯。最后导致父母与孩子之间的关系紧张，而原本的问题也没得到解决。

当孩子做错事或遇到困难时，作为父母，应站在孩子的角度体谅和尊重孩子，减少无谓的说教和批评，多多理解孩子，帮助孩子真正改正错误，走出困境。

（一）在纠正孩子的行为前，先处理孩子的情绪问题

当孩子向父母抱怨"作业好难，完全不会写，还被老师批评了"，或者坦白"那个杯子是我不小心摔的"时，父母一定不要急于判定孩子的

对错，父母自以为是的说教和批评只会让自己与孩子间的距离越来越大，甚至还会让孩子产生怨恨心理。既然孩子坦诚地说出了自己的感受，父母应学会倾听那颗隐藏着担忧、失望、无助、迷茫的心声。"这样是不对的"、"不要抱怨，你应该……"这些话并不能平息孩子强烈的情绪，父母自以为是的说教也难以说服孩子。如果父母能接受孩子的想法，理解孩子的处境，说一句："那你一定很难受。"孩子的激烈情绪就会减弱，并感到安心，然后慢慢平复自己的情绪。

总之，当孩子向父母抱怨某事时，父母要先处理好孩子的情绪问题，等孩子冷静下来，或者过一段时间再选择一个合适的时机，向其说明道理、纠正他的行为也不迟。

（二）说教、批评孩子前，先弄清事情的真相

很多父母在听到孩子抱怨或发现孩子犯错时，就不问青红皂白地指责孩子，企图通过说教或批评让孩子改正错误。可是，孩子有时并不是故意要犯错误的，可能是无心的或者是被误解了，如果父母事先不了解详细情况，就劈头盖脸地把孩子吼骂一顿，这样孩子会觉得委屈，认为父母专横野蛮，不给自己辩解的机会。长此以往，孩子会对家庭和父母产生恐惧心理，有什么事情也不再愿意向父母诉说，孩子与父母的距离由此产生。正确的做法是：父母在说教、批评孩子之前，务必先弄清事情的原委，耐心地倾听孩子的解释，并可通过他人进行查证，在了解事情的来龙去脉后，与孩子一起分析其中的问题，判断孩子的行为是否正确、合理，而后告诉孩子正确的做法。

（三）说教、批评孩子前，先帮助其解决当前的问题

十岁的玛丽和妈妈一起坐在客厅的沙发上看电视，玛丽不小心打翻了桌子上的果汁，玛丽胆怯地望向妈妈。出乎玛丽的意料，妈妈只是平静地

说道："果汁打翻了，你去重拿一杯吧，还要拿一块海绵。"玛丽赶紧点点头，快速把桌子收拾干净，并小心翼翼地拿来了新果汁。当孩子做错事时，玛丽的妈妈并没有马上教训女儿，而是先处理事情，告诉玛丽如何解决眼前的问题。所以在日常生活中孩子遇到问题时，父母也应如此。孩子处于青春成长期，强烈地认为自己足够成熟，对自己的错误也反应敏感，比起说教和批评，他们更愿意有一个冷静、可靠的朋友给他们出主意，告诉他们正确的做法。

（四）说教、批评孩子时，应对事不对人

父母说教、批评孩子时，应对事不对人，这样更容易做到客观、公正，也更容易被孩子所接受，取得良好的沟通效果。

本节家教智慧

父母是孩子最坚实的依靠，孩子犯了错，一味地说教和指责只会伤害孩子的感情，使孩子产生怨恨，一定要先弄清楚事情的来龙去脉，体会孩子内心的真正感受和想法，稳定孩子的情绪，使孩子冷静下来，再与孩子一起探讨解决问题的办法，纠正孩子的不当行为。父母要记住：要想教育犯错的孩子，帮助孩子走出困境，就要善于倾听孩子的想法，施以正确的教育方法，而说教和批评只会让孩子离自己越来越远。

3

不要把自己的坏情绪发泄到孩子身上

当父母因工作、生活上的种种烦心事而困扰不已时，孩子恰好就在身边，可能是因淘气贪玩弄得一身脏，或是把某件家里的物品砸坏了，或是不按时写作业，或者考试成绩差……孩子的这些行为，无异于火上浇油，更加增添了父母心中的烦躁，于是，许多父母最终控制不住火气，气急败坏地吼道："跟你说过多少次了，衣服弄得这么脏！""又把东西砸坏了，整天莽莽撞撞，怎么这么不省心！""不许哭，再哭你试试！"等等，将坏情绪毫无保留地发泄到孩子身上。

也许父母们并不是真的要责怪孩子，或者并不想嗓门如此之大、说话态度如此之差、语言如此之激烈，但是父母却无意识地这么做了，把孩子微小的错误放大，把自己不愉快的心情附加到了孩子身上。其实，人总有心情不好的时候，但是当父母在面对其他人的时候，比如上司、同事、朋友，总是努力克制自己的情绪，而面对孩子，却轻而易举地发泄出来，究其原因，是父母没有摆正对待孩子的心态。

艾伦·菲利的妈妈因为家庭琐事和丈夫争吵起来，二人互不相让。菲利的爸爸十分生气，摔门而出。菲利的妈妈看着丈夫愤然离去，内心烦躁不已，却又不得不去菲利的外婆家接儿子回来。菲利妈妈到了外婆家，发现小学五年级的儿子正津津有味地看着动画片，心里的那股刚被压住的无名之火立刻熊熊燃烧起来。菲利的妈妈冲着小菲利大吼道："你不做作业吗？看什么电视！"菲利被妈妈突如其来的怒骂声怔住了，他小声地辩解

道："我作业已经完成了。"这如果是在平时，菲利妈妈一定不会再多说什么，但是现在正沉浸在坏情绪里的她听到儿子的话，反而更加生气了，嗓门也越吼越大："作业做完了就不用看书吗？你的学习成绩很好？一天到晚只知道看电视，怪不得学习没有一点进步！"菲利觉得委屈极了，认为自己没有做错什么，妈妈却对着自己大吼大叫，不禁难过地哭了。看着儿子不断地哭泣，菲利的妈妈终于冷静下来，这才意识到自己把儿子当成了出气筒，于是后悔不已。在回家的路上，菲利一直不吭声，无论妈妈怎么和他搭话，也只是简单地应一两句，走路的时候也和妈妈离得远远的。

菲利的母亲由于心情不好，将情绪发泄在儿子身上，最终导致了儿子与自己之间产生了隔阂。许多父母对此不以为然，总以为过一段时间孩子自然就会忘记，却不知道如果父母不加反省，一碰到坏情绪就向孩子发泄，放任自己的情绪，长期这样持续累积，会给孩子留下严重的心理阴影。因为孩子虽然年纪小，却很敏感，父母的情绪他们完全能感觉到，尤其是对于年幼的孩子，他们往往会牢记那些刺激性强烈或自己印象颇深的东西。而且父母经常的吼叫且不听孩子的辩解会使孩子逐渐变得孤单和不自信，也不愿和父母相处，下意识地远离父母，尽量避免和父母交流，而父母却浑然不知，不知道孩子离自己越来越远的原因何在。

父母把坏情绪发泄到孩子身上，不仅造成父母与孩子之间的关系紧张，拉大父母与孩子的距离，还会给孩子带来极坏的影响。据《欧洲发展心理学》杂志报告，芬兰心理学研究人员经过调查表明，当父母下班回家后将工作中的压力和疲倦也带回家时，会使孩子的情绪受到影响，甚至导致孩子学习成绩下降等一系列后果。而且孩子也会自觉模仿父母的这种随意发泄情绪的做法，变得习惯将矛盾、责任推卸给别人，成为一个缺乏责任感、有暴力倾向、喜欢把过错推给他人的人。

家，是人们休息的地方，被人们誉为"温馨的港湾"，父母将工作中的坏心情带回家，只会破坏家中原有的和谐氛围，给其他的家庭成员造成一种心理上的压力。由于情绪是可以传染的，坏情绪犹如病毒，一人产生坏情绪，大家都会跟着感染。因此作为父母，不要将工作中的坏情绪带回家，发泄到孩子身上，在回家之前，请先整理好心情，调整情绪，面带微笑地走进家门。

（一）父母回家后要学会迅速转变角色

"女儿还有几个月就高考了，虽然自己工作也特别忙，遇到了一些麻烦。不过，每次回家之前我都会对自己说，工作已经结束了，现在我要回家做个好妻子、好妈妈。"一位女儿即将面临高考的妈妈如是说。作为父母，就应该如这位母亲一样，回到家中，要提醒自己角色已经转换，已经由职场人士转变成丈夫或妻子、父亲或母亲，及时把工作和生活分开，不把工作中的坏情绪带给家人。

（二）父母要善于转移自己的坏情绪

无论在工作中遇到了什么事情，在回家之前，可以给自己留一点时间，缓冲一下。对此，有心理学家建议，可以在办公室里多待一会儿，准备一个本子，把工作中的烦心事一一写下来，然后把本子锁在办公桌的抽屉里，并对自己暗示："既然回家了，就不要再去想。"此外，还可以通过做其他感兴趣的事转移一下注意力，比如找朋友诉说自己内心的烦恼等等，为自己释放压力，换个心境，从而避免把坏情绪发泄在孩子身上。

（三）父母应勇于承认自己的坏情绪

虽然我们尽量不要把工作中的坏情绪带回家，但是孩子通常是非常敏感的，他会从父母的表情、语言、动作中嗅出异样气息，感受到父母是否真的拥有一份好心情。这时候，如果孩子问父母："妈妈（爸爸），您怎么了？"父母们的回答通常是："没什么，大人的事你不要管，赶紧好好

学习吧。"也许孩子不会接着再问什么，但是他心里明白父母一定有事，只是不说而已，甚至会猜测发生了什么，胡思乱想。其实，只要父母诚实地回答："只是在工作中遇到了一点小麻烦，不用担心，马上就处理好了。"或者说："今天妈妈（爸爸）碰到了烦心事，需要一个安静的环境来思考问题，可能会忽略你，不用担心，明天就会好起来的。"孩子会认为父母重视自己，愿意和自己坦诚交流，即使他帮不上任何忙，心里也会踏实很多，并且会理解父母的一些反常举动。

本节家教智慧

父母们往往会忽略孩子的感受，在孩子面前放任自己的情感而不加控制：心情好的时候，对孩子和蔼又耐心；心情不好的时候，则对孩子横加指责，大声吼叫。殊不知，这不仅会给孩子造成不良影响，也会破坏父母和孩子之间的感情，拉大与孩子之间的距离。其实把孩子当作出气筒，是父母缺乏责任和不理智的表现。工作上的繁重压力、复杂的人际关系，甚至是夫妻间的矛盾，当父母们不能合理排解压力时，弱小而又缺乏反抗力的孩子就很容易成为不理智的父母的发泄对象。作为父母，为了孩子的心理健康成长，要学会控制自己的情绪，切不可"为所欲为"。

妥善处理孩子的抵触情绪

随着孩子年龄的增长，父母们发现自己的孩子不再像从前那样乖巧听话了，还出现了一些抵触情绪。比如：对父母说话总表现出一副不耐烦的样子；或是对父母的教导和意见充耳不闻；或是明明自己犯了错，反而理直气壮，无视父母的说教，甚至横眉冷对，摆出一副唱对台戏的架势；还有的和父母对着干，父母说往东，就偏要往西。面对孩子的这些反应和情绪，一些父母无所适从，不知如何是好，只好通过责备和吼骂试图"镇压"孩子，结果却事与愿违。面对父母的吼骂，孩子反而变本加厉，抵触情绪更加强烈。

其实，孩子的这些情绪和反应属于正常现象，孩子不听话，究其心理根源来说，是孩子的逆反心理在作祟。在心理学中，逆反心理是指人们为了维护自尊，在彼此交往过程中对对方的要求采取相反的态度的一种心理状态，其在青少年行为上的表现就是"不受教"、"不听话"、"较劲儿"、"对着干"等叛逆行为，这令许多父母十分头疼和束手无策。

从孩子成长的角度来说，叛逆期有三个阶段：

第一阶段在三岁左右。在这一时期，孩子的自我意识开始觉醒，对父母的要求和安排往往逆向而行。如果父母能正确对待，妥善处理此阶段孩子的抵触心理，孩子会朝向独立自主、心理健康的方向发展，若孩子没有丝毫的反抗意识，在日后往往会表现得过于软弱和优柔寡断。

第二阶段在孩子十岁左右。这一时期孩子会产生"我是大人"的想

法，渴望展示自己的个性和独立，所以经常会与父母意见相左，与父母发生冲突和矛盾。

第三阶段就是孩子的青春期。在此期间，一方面，孩子的观点、信念尚未形成或极不稳定，容易依赖父母；另一方面又表现出强烈的独立自主意识，希望按自己的想法行事。由于青春期孩子思想不成熟、不定型、可塑性大，父母的教育和态度是关键，如果父母未能正确引导，孩子极易产生逆反心理。

当孩子抵触情绪强烈，逆反心理严重时，会产生许多不良后果，严重影响青少年的身心健康。孩子的逆反心理往往与父母的态度、教育紧密相关，父母可以说是孩子出现逆反心理的重要原因之一。具体表现为：

（1）父母过度、偏激的教育方式。当孩子说错话或做错事时，许多父母立刻情绪激动，大声吼骂孩子，不听孩子的辩解，强烈指责孩子的不是，伤害孩子的自尊心，导致孩子或是大声与父母争执，或是沉默不语无声反抗，长此以往，会给孩子心理留下阴影，使孩子产生逆反心理，而对父母的批评意见置若罔闻。

（2）父母的言行不一。很多时候，孩子对父母的言行不一，不遵守承诺的行为表示不满，但是又不敢和父母明讲或者即使和父母说了也毫无作用，许多父母只会敷衍搪塞孩子，于是孩子在找不到其他表达不满情绪方式的情况下，以逆反行为进行抗议。

（3）父母对孩子的过度溺爱。许多父母在孩子成长初期过度宠爱，对孩子千依百顺，一味骄纵孩子，等孩子长大时，再进行管教，此时孩子已养成跋扈任性的性格，不良习惯已然成形，父母的突然纠正和指责容易引起孩子的抵触和逆反心理。

（4）家庭关系不和。父母关系紧张、经常吵架、家庭不和，会影响父母在孩子心中的形象，使孩子厌恶父母的行为，不听父母的话，不把父母当回事。

抵触心理、逆反行为，是孩子成长阶段的"必修课"，孩子有轻微的叛逆，父母完全没有必要大惊小怪，严厉地指责孩子，而应给予理解和包容，耐心地对其进行教育和引导。因为到了一定的年龄，孩子的心理会逐渐成熟起来，这种叛逆行为会逐渐消失。但是，孩子逆反的程度一旦超出了正常范围，父母必须足够重视，深刻剖析原因，通过巧妙性的沟通、引导来消除或缓解孩子的逆反心理。

要想妥善处理孩子的抵触情绪，父母可以从以下几个方面入手：

（一）放下父母的架子，做到互相尊重

大部分的父母总认为自己是正确的，常对孩子说："我吃过的盐要比你吃过的米还多，你懂什么。"父母们常常无视、蔑视孩子的意见，认为孩子应该听父母的。但是，人无完人，父母也有考虑不周的时候，父母应放下架子，多与孩子进行交流，耐心倾听孩子的想法，征求孩子的意见。面对孩子的错误和不足，父母应该克制自己的冲动，先让孩子把话说完，不随意打断否定孩子，并给孩子解释的机会，鼓励孩子表达内心的真实想法。遇到意见相左时，不以父母的身份强迫压制孩子，要冷静下来，想一想孩子为什么会反抗，父母要以理服人，循循善诱，做到使孩子心服口服，从而自觉地按父母意见行事。

处于青春期的孩子，最需要的就是得到他人的认同与尊重，千万不要忽略或轻视孩子的意见，这样会激怒孩子，使孩子产生抵触情绪，而应当告诉孩子，父母对其十分重视和关心，从而实现父母与孩子的相互理解和尊重。

（二）以身作则，做到言行一致

"己所不欲，勿施于人。"父母对待孩子也应如此。一些父母对待孩子要求严格，自身却行为随便，如何使孩子服气，顺从父母的意见？还有

一些父母说一套做一套，轻率地答应孩子的要求，一旦与其他事情发生冲突便反悔，打破自己在孩子心中的正面形象。比如父母为了让孩子努力学习，经常夸下海口："只要你这次考试考到90分，我暑假就带你去海南玩。"或是："如果这次能考进前十，你一直想要的那个电动玩具不管多贵我也会给你买下来。"而当孩子达到要求时，父母却以这样那样的借口搪塞过去。比如："这次没有时间，下次一定做到。"也许第一次孩子会信以为真，努力学习，但是第二次，孩子则不再相信父母，甚至会为了表示自己的不满与父母对着干，形成逆反心理。因此父母在日常生活中应该注意自己的言行，为孩子树立良好的榜样。"身教胜于言传"，一旦父母做到言行端正，孩子会受到父母的影响，自然而然就会向父母看齐，而不需父母过多地浪费口舌，煞费苦心地进行说教。

（三）注意语言，委婉地纠正孩子的错误

父母和孩子沟通交流时，应注意语言措辞，尽量避免使用命令的口吻。处于青春期的孩子通常不愿意被他人命令、驾驭、强迫，一些如"必须"、"一定"、"禁止"等强制性词语极易激起孩子的抵触情绪。此外，多使用"我们"代替"你"、"你们"，在细节中减少父母与子女的对立。而一些父母在面对孩子的错误时，毫不留情地给予激烈的批评，把孩子说得一无是处，想以此建立起父母在孩子心目中的权威。殊不知，越是如此，孩子的反抗心理越强。因此父母在对孩子进行教育劝导时，应有情、有理、有据，让孩子学会自我反省和思考，同时，可运用具体事例增加说服力，生动形象地感染孩子的固执思维，用自己的冷静、理智打造孩子的理智、明事理。

本节家教智慧

　　青少年正处于由儿童转向成人的过渡期，其要求独立自主的意识日益增强，迫切希望摆脱父母的"控制"。他们不想让父母仍把自己看做孩子，要求以成人自居。在与父母意见相左时，不愿服从父母的安排，开始反抗父母，与父母对着干。在心理学中，这种状态被称为"逆反心理"，即孩子为了维护自己的尊严，对父母或老师的要求采取相反的态度和言行的一种心理状态。孩子之所以会出现逆反心理，很大的原因在于父母对孩子的态度和教育方式。父母首先需要弄明白孩子抵触情绪产生的原因，"正本清源"，以尊重、理解和耐心化解孩子的逆反心理。

5

保护孩子的自尊心

傻、呆、笨、坏，是许多父母教训孩子时常用的字眼，也是许多孩子心中最严厉的判决。父母的一句吼骂，往往会无情地把孩子变成同龄人中的"异类"，给孩子的心灵世界留下一片灰暗。生活中，许多孩子缺乏自信，胆怯、颓废、不思进取、没有毅力等，这正是因为父母的任意吼叫和过度批评所致。一些父母脾气暴躁，教育方式简单——非打即骂，这种长期在责骂和否定环境中成长的孩子，其自尊心受到严重伤害，追求进步、渴望成功的积极性受到严重打击，做事优柔寡断、对外界事物充满恐惧感，甚至出现严重的心理障碍。

著名教育学家苏霍姆林斯基曾经说过："孩子的尊严是人类最敏感的角落，保护孩子的自尊心，就是保护孩子前进的潜在力量。"自尊心是人们对自我的一种肯定和认同，是自信心的来源和独立思考的基础。正是因为在自尊心的推动下，人们才有勇气从低谷走向高峰，从失败走向成功。对成长中的孩子来说，自尊心尤为重要，它是孩子奋发向上的原始动力。

处于青春期的孩子，往往表现出强烈的自尊意识，他们要求获得父母的尊重和理解，非常在意自己在他人面前的形象。然而，许多父母却没有意识到孩子的这些变化，依然沿用着教育小孩子的方法，企图通过吼叫、恐吓、威逼来迫使孩子听话，许多父母甚至对孩子的自尊存在严重的认识误区。如"供孩子吃饱穿暖上大学就不错了，还需要什么尊重不尊重的"，尤其是农村家庭的父母，他们的教育方式通常是：平时太忙顾不上，放任孩子自由行事，一旦孩子出了问题，立马劈头盖脸一顿责骂，对孩子的自尊保护没有任何意识；还有一部分父母认为："现在对孩子严格要求就是对他最大的尊重。如果放松对孩子的要求，孩子的警觉性、进取心就会下降，而温和地对孩子说教，难以给孩子留下深刻的印象，教育效果不能达到持久有效的要求。"他们表示："只有给予孩子狠狠的批评，让他永远记住自己所犯的错误，才是真正的为孩子好，保护他的自尊心。"

还有一类父母，过于重视孩子的自尊，无条件地满足孩子的要求，误把溺爱当成尊重。这类父母知道孩子需要尊重，就一味地顺应孩子，甚至是无原则地讨好孩子，盲目地赞赏孩子，认为孩子不能批评，只能夸奖——把孩子当成易碎的玻璃，对孩子的情绪起伏紧张不已。

其实自尊心是一把双刃剑，孩子的自尊心过强，也会出现众多的问题。首先，自尊心过强的孩子，其心理承受能力差。自尊心和承受能力就像天平的两端，此消彼长，自尊心越强，承受能力就会越弱。现在的许多孩子一般都在顺境中成长，加之有父母和老师的帮助，一路顺风顺水，没有经受过太大的苦难和波折，因此个性通常幼稚而脆弱。如果孩子自尊心过强，过分计较个人得失，一旦遇到较大考验或失败，就会造成重大的心理障碍，容易出现"一蹶不振"的现象。如许多媒体经常报道：孩子成绩没考好，自己就想不开，再加上父母的责备，从而产生厌学、轻生的念头；其次，自尊心过强的孩子，其人际交往能力差。如果一个孩子的自尊心过强，便会不可避免地对别人的语言、行为等过于敏感和苛刻，无法接受他人的批评和建议。而且在生活中处处以自我为中心，时刻把自己摆在首位，难以相处；最后，自尊心过强的孩子容易形成孤傲、清高的个性，难以客观地对待自己和他人，往往过高地估计自己，却忽视他人的长处，且对父母指手画脚，与父母矛盾冲突不断。

因此，父母要注意保护孩子的自尊心，既不能过度打击孩子的自信，

也要避免孩子自尊心过于强盛，要教导孩子懂得自尊自爱，又要防止孩子自傲自大，具体做法如下：

（一）引导孩子辩证地看待自己的自尊心

自尊心是指对自己人格尊严的维护，不允许他人侮辱和歧视，是为自己感到骄傲和自豪的表现。拥有自尊心的孩子才能学习勤奋、发愤图强、不甘落后、努力拼搏，才能自觉遵纪守法、自尊自爱。然而，在教育孩子维护自尊心的时候，父母一定要告诉孩子辩证地看待自己的自尊心。因为一个人如果自尊心过强，就会起反作用，影响人的身心健康，给学习和生活带来麻烦和困难，甚至有时还会出现心理问题。健康的自尊心，是能找到自尊心的支点。进而客观全面地看待自己和他人，不仅懂得自尊自爱，更懂得尊重他人。此外，当孩子遇到他人不尊重自己时，父母应教导孩子学会以理解、宽容的心态包容、尊重不同的观点，可与孩子一起分析一些常见的社会现象，有意识地引导孩子辩证地认识社会和世界。

（二）呵护孩子的自尊，重视平日的细节

一些父母受传统教育观念的影响，认为孩子小不懂事，父母应该在孩子心中树立权威，使孩子对父母保持一种敬畏，因此当孩子做错事时，父母常常以指责、命令的口吻教训孩子，甚至当着其他人的面毫无顾忌地批评孩子，却不知孩子的自尊心在不知不觉中被父母消耗殆尽。其实作为父母，应该明白自尊心对孩子的重要性，要善于保护孩子的自尊，使孩子的自尊心向着健康的方向发展。所以在平日的生活细节中，父母就应该做到：1.尊重孩子的人格，不能采用侮辱孩子自尊的教育方法，如讽刺、辱骂、吼叫等，不能当着众人面批评孩子；2.尊重孩子的隐私，不乱翻孩子的物品，如手机、日记等，如果想看，应征得孩子的同意；3.把孩子当成家里的重要一员，给予孩子适当的家庭责任，一些家庭事务允许孩子参与

和提出建议。父母们还要注意，呵护孩子的自尊心要从细节开始，从小开始，在孩子成长的过程中做一个有心人，这样孩子的自尊心才能一直沿着积极正面的方向发展，才能形成健全的人格。

（3）不要频繁地拿自己的孩子与他人比较。

许多父母喜欢在自己孩子面前夸奖孩子的同龄人，如经常在孩子面前说："某某家的孩子考试考了满分，真聪明"、"某家的孩子真懂事，学习又好，还听父母的话"，有时还带着"贬损"自己孩子的意味，"再看看你，学习不好，还不听话"，这些，父母们以为通过这种方式能激发孩子的上进心，增强孩子的竞争意识，而且自己也没说什么重话，夸一下别人的孩子并无大碍，这也是一种激励的教育方法。殊不知，这种"激励"会引起孩子严重的不满。父母频繁地提及他人的成就只会挫伤孩子的自信和积极性，使他们产生自卑心理，逐渐在潜意识中生出"自己真的不如他人"的想法。当然，这并不是说父母完全不能在孩子面前夸赞他人，父母可以调整自己的表述，不要有针对性地拿其他孩子的长处来对比自己孩子的短处，在夸奖他人时，顺便赞赏一下自己的孩子，鼓励他只要努力，也会收获成功，进而引导孩子以一种健康的心态来看待他人的长处，吸取他人的优点来弥补自己的不足，实现孩子的进步。

本节家教智慧

　　成长期的孩子自尊心不断增强，然而在其倔强的外表下却隐藏着一颗敏感又脆弱的心。他们总是希望获得父母的理解与支持，父母的一句鼓励，会使孩子信心倍增；父母的一句呵斥，也会使孩子灰心丧气。如果父母轻易地否定自己的孩子，是对孩子自尊心的严重打击。作为父母，应尊重孩子，消除孩子的自卑自弃，帮助孩子树立自信和安全感，保证孩子健全的人格和乐观向上的学习、生活态度。但是，尊重孩子并不等于对孩子百依百顺，父母应理智、客观地看待孩子的自尊，避免孩子走向另一个极端——自傲自大。

6

诚实守信，赢得孩子的信任

父母要想拉近与孩子的距离，首先应赢得孩子的信任，使孩子向父母敞开心扉。而赢得信任的首要条件就是诚实守信。

"人无信不立"，父母要想赢得孩子的尊重与信任，建立父母的权威，也必须讲实话，守信用。一项研究报告对父母的诚信程度及其在孩子心中的诚信形象做了问卷调查，结果显示，80%以上的父母认为自己能讲诚信，能够坚守对孩子的诺言。而与此相反的是，超过95%的孩子认为父母对自己失信，常常不履行对自己的承诺。父母们的习惯性失信、不自觉地违背诺言的行为会在孩子心中留下烙印，使孩子对父母缺乏足够的信任感，与父母的沟通欲望减少，一旦父母与孩子之间的沟通减少，各种矛盾和问题就产生了。更有甚者，当父母由于客观条件或自身某些因素而不能履行承诺时，对孩子不说明真正缘由、不道歉，而是用某些借口谎言来欺骗孩子，父母以为孩子浑然不知，却不知道自己正在孩子心中树立起爱说谎、不值得相信的坏形象。而处于成长期的孩子模仿性强，各方面都还未成型，父母经常许诺却不能履行，用谎言掩盖事实，孩子长期耳濡目染，最终也会养成不守信用的习惯，并且学会对父母撒谎，如果这时父母才开始纠正孩子的错误言行，大声吼叫指责孩子则为时已晚，也难以说服孩子改正。

因此，在教育孩子的过程中，父母一定要注意自己的言传身教，答应孩子的事情一定要做到，只有一诺千金的父母才能培养出言出必行的孩

子，才能实现父母与孩子之间真挚、坦诚的交流。在德国的《教育法》中就明确规定，父母有义务担当孩子道德教育的职责，德国父母也普遍遵守这样一个原则，为了教育孩子诚实守信，父母必须做出榜样。在德国的一个小城的路口竖着一块牌子，上面写着："为了孩子，请不要闯红灯。"意思就是让父母通过自身的一言一行、一举一动，树立起自身在孩子心中的权威。

"说话不算数"，是许多父母对待孩子的通病。父母总是认为，孩子还小，什么都不懂，不会放在心上，偶尔失信也没有关系。事实并非如此，正是由于孩子的年幼和单纯，很多时候，父母的随便一句话孩子就信以为真，一旦父母没有履行诺言，就会给孩子留下不良的印象。因此，履行对孩子的承诺，是十分有必要的，它不仅能够赢得孩子的信任，还会为孩子树立起良好的榜样，通过言传身教引导孩子做一个守信用、重承诺的人。

（一）对孩子做出承诺时要三思而后行

"没问题"、"一定会答应你的"……父母常常轻率地对孩子许下承诺，可是却仅仅是"嘴上承诺，脑中遗忘"，这种行为，必然会造成孩子对父母的不信任。老子曾言："轻诺必寡信。"当我们在承诺孩子之前一定要慎重，要三思而后行，要考虑到孩子提出的要求的可行性，而不要随便许诺又随便失信。只有那些合理的、自己有能力做到的要求，才能答应孩子；否则，应耐心地和孩子研究出一个可行的办法再许诺，并且一旦答应了就一定要完成。

（二）对孩子做出的承诺要言出必行

只有一个有责任心、言出必行的父母才能取得孩子的信任，赢得孩子的尊敬，才能使孩子自愿接近父母，愿意与父母谈心。

曾子是我国著名的思想家。一天，曾子的妻子要上街去买东西，儿子也哭闹着喊着要一起去。可是曾子的妻子认为带着孩子买东西不方便，就随便哄了儿子一句，说道："儿子乖，你就在家里玩，等妈妈回来给你杀猪吃。"儿子果然不哭不闹了，等着母亲回来吃猪肉。妻子买完东西回来后，曾子就拿起刀准备去杀猪。妻子感到很奇怪，就问丈夫："今天又不是过节，杀什么猪呀？"曾子回答说："之前不是你自己和儿子说回来杀猪吃吗？""哦，我那是在哄孩子，应付一下，又不是真要杀猪。"曾子听后表示不赞同，他严肃地对妻子说："孩子是不可以乱开玩笑的，现在他还年幼，不懂事，凡事都在向父母学习，听从父母的教诲。如果父母说话不算数，欺骗自己的孩子，孩子就会以为人是可以欺骗的，进而去欺骗别人。如此一来，就等于是父母教会了孩子欺骗的行为。而且，你向孩子许下承诺，却不打算履行，孩子以后就不再相信你，你以后说什么他还会听吗？"曾子的妻子恍然大悟，和曾子一道把猪杀了，履行了对儿子的诺言。

因此，作为父母，要讲信用，答应孩子的事情，就一定要做到。如果不能兑现，应及时向孩子解释原因，并作自我批评，让孩子从内心理解和原谅父母。不要把对孩子的承诺不当一回事。否则，一而再，再而三，孩子就不会再相信父母，更不可能拉近与父母之间的距离。

（三）父母要给孩子做诚实的榜样

诚实，是每个人都应具备的优良品质，父母也要诚实地面对自己的孩子。许多孩子之所以学会说谎，主要是源自父母。也就是说孩子是由于模仿父母的不良行为而养成坏习惯的。当孩子和父母之间充斥着欺骗和谎言时，何谈信任，又如何拉近父母与孩子之间的距离呢？显而易见，要想赢得孩子的信任，父母就必须从日常生活中的小事做起，在细节上处处留心，带头讲诚信，而且父母平时对孩子说话、做事时，不随意、不糊弄，说到就一定要做到。

本 节 家 教 智 慧

诚实守信，是一个人是否具备良好品质的表现，也是父母取得孩子信任、加强沟通、缩小距离的首要条件。诚信需要日常生活中的点滴积累，犹如："百尺之台，起于垒土；千里之行，始于足下。"父母一定要对孩子信守承诺，做诚信的表率，以诚信的姿态与孩子交流讨论问题，走进孩子的内心，获取孩子的真正想法；履行自己的诺言，答应孩子的事情一定要做到，在孩子心中树立起可靠的健康形象。常言道："身教重于言教。"父母的行动对孩子来说是无声的语言，有形的榜样。只有父母与子女之间均能做到诚实守信，才能真正拉近彼此的距离，建立起和谐温馨的亲子关系。

7

运用幽默的语言教育孩子

前苏联著名教育家斯维特洛夫曾说过："教育家最主要的，也是第一位的助手是幽默。"幽默是一种大智慧的体现，它以独特的视角、特有的方式让人在轻松活跃的氛围中明白自己的意图。如果父母善于运用幽默，就能够消除与子女的隔阂，保护孩子的自尊，并且还会使父母和孩子相处得更加融洽，使彼此的关系更和谐。

一般家庭教育的方式，可大致分为三种：厉声斥责、温和说教、幽默教育。厉声斥责，也许可以在短时间内镇住孩子，使孩子服从父母的要求，但是容易打击孩子的自尊心，使孩子产生逆反心理；温和的说教，虽然语言平淡，不会与孩子出现激烈的冲突，但是由于过于平淡，难以给孩子留下深刻的印象，使教育缺乏持久的效果；而幽默教育是最能触动孩子的教育方式。德国学者海因·雷曼麦说："用幽默的方式说出严肃的真理，比直截了当地提出更能为人接受。"父母运用幽默的话语，会让孩子在轻松一笑中接受良好而正确的教育，进而更容易接受父母的建议和要求，同时拉近父母与子女之间的距离。

前苏联著名诗人米哈伊尔·斯维特洛夫就擅长运用幽默的方法教育孩子。一天，斯维特洛夫回到家中，发现全家人都慌作一团，而斯维特洛夫的母亲正在急切地给医院打急救电话。原来，斯维特洛夫的小儿子舒拉为了吸引家人的注意，竟然喝下了斯维特洛夫书桌上的半瓶墨水。斯维特洛夫知道墨水还不至于使儿子中毒，所以用不着过于紧张，他敏锐地想到，

现在正是教育舒拉的好时机。于是，他轻松地向舒拉问道："你真的喝了墨水？"舒拉得意地靠在沙发上，吐出被墨水染成黑色的舌头，并朝父亲做了个怪脸。看着儿子满不在乎甚至引以为傲的表情，斯维特洛夫并没有恼怒，他从书房里拿出了一叠吸墨水的纸，对舒拉说："既然这样，那就别无他法了，你只有把这些吸墨纸使劲嚼碎吞下去才能化险为夷。"大家听后纷纷哈哈大笑起来，小儿子舒拉也跟着不好意思地笑了，一场虚惊和闹剧就这样在斯维特洛夫幽默的话语里冲散了。舒拉标新立异地想通过喝墨水来成为家人的中心，最终没有如愿，在父亲幽默的教育方式下，舒拉此后再也没有犯过类似强出风头的错误。

前苏联著名教育家瓦·阿·苏霍姆林斯基指出："如果教师缺乏幽默感，就会筑起一道师生不理解的高墙。"家庭教育同样如此，父母运用幽默，有助于活跃与孩子之间的气氛，那么孩子与父母之间那道无形的墙就会在幽默的氛围里自动消失。因此，父母要学会运用幽默教育，来提高家庭教育效果。

（一）运用幽默的话语来活跃谈话气氛，拉近与孩子的距离

在交流中，幽默能激起对方的愉悦感，使谈话在轻松、舒心的氛围中进行；幽默可以缓解紧张、尴尬，活跃谈话气氛，在笑声中拉近双方的心理距离。中国传统的家教强调父母的权威，父母通常以严肃的口吻和语气教导孩子，制造紧张的对话局势，以使孩子敬畏父母，这种千年不变的刻板的家教方式最终导致父母与孩子之间产生了无法跨越的鸿沟。而幽默就是一把最神秘的钥匙，它能打开孩子的心扉，缓解孩子对父母的抵触，填平父母与孩子之间的沟壑。

上中学的艾玛成绩一直十分优异，但有一次数学考试，却发挥失常，考得很差。放学回家后，艾玛终于控制不住在父母面前放声大哭，父亲看到后，既没有责怪女儿考试成绩，也没有柔声安慰，而是诙谐地说道：

"我的小公主，哭有什么用？要是能哭出好成绩来，我和你妈妈也立马加入，哭他个天昏地暗。跌倒了就站起来吧。"艾玛听了爸爸的话，破涕为笑，找回了学习的信心，让这次考试带来的阴影化为乌有。幽默不仅是一种对孩子的教育方法，更体现了父母的乐观精神，父母通过幽默将这种乐观传达给孩子，从而给予孩子不断进取的力量，拉近与孩子的心理距离。

（二）幽默地批评孩子，让批评变得温暖

幽默以其独特的表达方式生动地向他人展示说话人的情感和态度，既可以达到驳斥、批评他人的目的，又不损害对方的颜面，伤害他人的自尊。幽默通过"笑"来表现智慧、真理，于无形中显示出深刻的涵义，给人以启迪和教育。面对孩子，有时一句幽默胜过千万句说教，比单纯的说教更具有感染力和说服力，且更容易令孩子接受，同时也体现了父母对孩子的尊重和爱，让批评变得温暖。

（三）用幽默的语言来说服孩子，让道理更加深刻

幽默是一种穿透力强的教育智慧，它具有深入浅出的特点，三言两语之间就能把繁复生涩的道理表现出来，使孩子在轻松愉悦的笑声中明白事理，心悦诚服地接受父母的批评、指正。比如小孩子在玩玩具时往往比较兴奋，玩起来有时会忘记时间，而且玩过之后，很少主动收拾整理玩具，这令许多父母感到不满。不少父母因此就命令孩子："快把玩具收拾起来，不然以后别想玩了！"这样很容易让孩子对父母产生反感。其实，父母可以使用一些幽默的语言："玩了这么久，你累了玩具也会累的，要不你把它们送回家，让它们好好休息一下，下次才有精神和你玩。"相信孩子一定会认同父母的看法，会立马自觉地收拾好玩具的。

（四）运用幽默的方式提出建议和要求，更容易获得孩子的接受

幽默在谈判和外交中是一种常见且极其有效的说话手段，运用幽默的语言提出自己的要求，含蓄婉转又具有暗示性与启发性。父母也可以运用幽默的教育方法对孩子的不足提出要求，这样可以避免与孩子产生直接冲突。罗伯特八岁的儿子痴迷于动作片、警匪片，整天喊着打打杀杀，罗伯特十分担心儿子具有暴力倾向。一天，儿子又在商店里看中了一支新式玩具步枪，嚷嚷着要罗伯特买给他。家中的玩具手枪早已堆积如山，罗伯特并不打算再给儿子买玩具手枪了，但是他没有直接拒绝儿子，而是对孩子说道："儿子，你的军费开支也太大了吧，现在是和平时期，我们可不可以裁减点军费？"儿子听后扑哧一声笑了，也就没再向罗伯特提买玩具手枪的事了。

（五）幽默也要适度

幽默之所以会受到孩子的青睐，不仅仅在于它能博孩子一笑、生动有趣，还在于它能在笑声中给孩子以智慧的启迪，引发孩子自省和思考。但是，父母必须清楚地意识到，幽默只是家庭教育的"调味剂"，量不可太多，否则会失去原有的效果，仅成为一种纯粹的笑料。但是，"成功的幽默不是浓墨重彩的渲染，而是最佳时机的点染"。因而，父母运用幽默要注意分寸，拿捏准尺度，幽默并不等同于嬉皮笑脸没有正经；幽默，不是讽刺，应友善有礼貌，而且也要适可而止。

本 节 家 教 智 慧

　　语言有一种神奇的力量，它会给人的内心留下持久的痕迹。那么，面对孩子的不良习惯和行为，父母就可以换一种教育方式，运用幽默的手法，变呆板为灵活、变严肃为轻松、变尴尬为自然，拉近与孩子的距离。

第七章

孩子即使早恋了也不能大吼大叫

——孩子的青春期需要一个理性的父母

在孩子进入青春期的时候，需要父母以更加理性的教育来帮助孩子解决问题。因为在这一时期的孩子渐渐地有了自己的思想和想法，并重视父母对自己的看法，渴望和父母一起分享自己的喜怒哀乐。所以父母们要重视孩子在青春期的教育问题和教育孩子所用的方式方法，帮助孩子走出困境。孩子们在进入青春期后会对异性产生好奇的心理，有的孩子在这一时期还会出现早恋的情况。但是，当孩子早恋后，父母们千万不要对孩子大声吼叫，这样只会增加孩子们的叛逆心理，而问题并不会得到解决，显然，对孩子早恋的问题，父母们要理智地处理。

孩子即使早恋了也不能大吼大叫

　　早恋是青少年在青春期逐渐走向成熟的一种正常的心理和生理的表现。这一时期的青少年正处于青春期的叛逆阶段，父母只有正确地引导，让孩子能够充分地理解才能收获良好的教育效果，否则将适得其反。许多父母都认为孩子们都还年少，过早的引导会产生副作用，就好比是没有成熟的花儿过早地开放了一般。其实不然，处于青春期的孩子在思想上已经比较成熟了，比父母想象的也许还要成熟一些。虽然在父母的眼中孩子都还小，但现实是孩子们已经渐渐地长大，也如成年人一般，有了许多情感需求。

　　在面对孩子早恋的时候，父母不要惊慌，更不能以粗暴的方式对孩子进行堵截，否则只会使事情变得更糟。孩子正处于青春期，很容易叛逆，在这一时期你越是压抑他，他就越会和你对着干，你越不让他做什么事情，他反而会做得更有动力，在恋爱方面也是如此。

　　在对待孩子早恋这一问题上，父母可以采取以下几种方法和态度去化解和教育：

　　（1）在对待孩子早恋的时候，父母应该多一份理解，多一些体贴，不能强行干预，更不能对孩子施加压力。在这个过程中父母要以一个关心爱护的姿态来亲近孩子、帮助孩子解决困扰，给孩子们一些意见或建议，并告诉他们早恋的危害，教会孩子怎样区分友谊、爱情，让孩子对婚姻和恋爱有更进一步的认识和了解。

（2）父母们在处理孩子们的早恋问题上要切记，不能以粗暴的态度对待孩子，更不能讥讽、责骂、惩罚孩子，而且不要偷看孩子的信件，不要偷偷地跟踪、监视孩子，不要去学校或者对方家里吵闹等等。父母们在帮助孩子走出早恋的误区时，不能操之过急，多多鼓励孩子参加一些对身心健康有益的活动，转移孩子注意力、培养孩子的兴趣爱好，使得孩子们的课余生活变得充实，从而减弱他们对异性的好奇等情绪。

（3）教会孩子怎样正确认识社会、认识婚姻。在现代社会中，由于一些言情小说、偶像剧、电影的吸引和误导，孩子们往往会对真实社会和婚姻的了解有所偏颇。所以对于那些有早恋倾向的孩子父母可以引导他们看一看富有生活气息的家庭伦理剧或者关于家庭生活的电视剧，以便增加他们对生活、社会以及婚姻的深入了解，还可以带孩子去民政局观察正在办理结婚或离婚手续的夫妻，让他们知道现实生活中婚姻是怎么一回事，然后和孩子共同探讨爱情和婚姻的深层含义，从而帮助孩子从他们编织的绮丽的梦幻中跳出来。

（4）教会孩子怎样去识别他人，特别是怎么去识别异性的方法。初恋是美好的、美妙的，却往往是少男少女们的一种游戏。在孩子们的眼中，初恋的对象是完美的标识，而这其中的原因就是他们对异性特殊的感情蒙蔽了其真实性。因此，父母们不仅要教会孩子们应该如何去摆脱对异性的微妙情绪，还要鼓励孩子们结交更多的异性，这样做有助于孩子们识别真伪、把握自己。

（5）在孩子早恋的时候，父母们不宜采取过于激烈的方式去对待。首先要做的是消除孩子们的抵触心理，然后可以在平时有意无意地和孩子聊起对方怎么样，以帮助孩子了解对方，同时慢慢地引导孩子，让他们知道一些现实生活中的事情，体验一下生活的艰辛，懂得自己去思考问题。

（6）孩子如果在这一时期与异性已经有了密切交往的倾向，那么父母首先要做的事是，坦然地和孩子进行一次关于在交往过程中的注意事项的

谈话，让孩子理智地处理事情，管好自己的行为，这能有效防止性行为的发生。在现代信息化的时代，孩子们想要获取关于性方面的信息是一件非常简单的事情，而且他们可以通过多种途径去了解到他们所想要的信息，与其让孩子们自己去了解和寻找，不如让父母告诉孩子们，以免孩子在自己了解这些信息的时候走入误区。

刘涛最近发现自己的儿子变得越来越爱打扮了，并且他时不时会莫名其妙地傻笑，下午放学回家的时间也比平时要晚许多。

发现这样的情况后，刘涛根据自己的经验猜想儿子是不是早恋了或者说已经有了倾慕的对象。因此刘涛决定找儿子小军好好地谈谈。刘涛知道儿子喜欢出去郊游，所以在一个星期六的早晨，他早早地叫儿子起床，父子两人梳洗好并带好东西后，就一起去郊游了。

刘涛看儿子玩得十分开心就趁机向儿子打探他的学习状况和交友情况，并从中诱导出了儿子早恋的事实。

刘涛又接着问儿子那位女生的情况怎么样，儿子回答说："她的学习成绩非常好，长得也很漂亮，而且她的心地还很善良，总之她什么都是好的。"

刘涛听完儿子的话后点了点头，接着对儿子说："原来是这样一个完美的女孩啊！不错不错，我儿子的眼光就是好，你看她这么好、这么完美，所以你也要抓紧时间好好努力才行啊！只有你做得比她更好，争取做到全面进步，这样你才能够配得上她啊！将来你们两个人才能够真正走到一起，日后的生活才会幸福，不是吗？"

儿子听完之后想了想说道："爸爸，我听您的，您说的话是对的，我现在一定好好努力。"听到儿子这样的回答后，刘涛瞬间放心了许多，但他还是交代儿子不能与那位女孩有一些亲密接触等等，小军听着爸爸所说的话，脸都发烧了，满口答应着爸爸所说的话。

从此以后，刘涛发现儿子在学习上果然更用功了，成绩也提高了许多。

所以，父母在发现孩子早恋的时候不要去堵，而是要去疏，去引导孩子们往正确的方向发展。父母们如果疏导得好的话，说不定会使之成为孩子们学习和生活的动力，能更好地促进孩子们的学习和成长。

本节家教智慧

法国作家夏多布里昂曾经说过："有些你以为坏的东西或许会引发你孩子的才能；有些你以为好的东西或许会使孩子的才能窒息。"在发现孩子早恋后，父母们的大吼大叫并不能够解决问题，反而可能会使问题严重化。父母们应该理智地处理问题，多和孩子进行交流沟通，并循循善诱引导孩子们前往正确的道路。

2

换一种视角看待孩子的早恋

　　无论是男孩还是女孩，他们在十六七岁像花一般的年纪里，都会对异性产生好感，并且会给彼此带来一种快乐的、密切的特殊情感。这一时期也是青少年的发育时期，对于男孩来说，标志着男子发育至成年时期的开始；而对于女孩来说，她们在步入十岁之后就开始慢慢地朝着女性特有的兴趣、穿衣打扮来发展，并且逐步有了自己的风格，如在语言的表述、行为的特点、穿衣打扮上的风格等。而且女孩们也是在这一时期对男孩们产生了一定的兴趣和喜爱等情愫。进入青春期，孩子们会对异性产生好感，对异性有交往的欲望，但父母们往往对孩子们的交往难以正确引导，让孩子们感觉很糟糕，并产生羞耻怨恨等感觉。其实，孩子们并没有做什么，只是对某个异性产生好感，喜欢上了某个异性而已，很多父母就觉得这是不对的，会影响自己孩子的学习，紧接着就会百般阻挠，导致孩子们的精神状态也变得非常糟糕。

　　其实，青春期是孩子们心理自我构建的一个过程。在当代这个多元化的时代，父母们不妨换一个角度来想，在自己的孩子喜欢异性的时候，你应该感到高兴，这说明自己的孩子的性取向是正常的，性别发展也是成功的。

　　处于青春期发育阶段的孩子，其自我意识进入快速发展期，孩子们会逐渐具备自己判断事情的能力，这时的他们不会再一味地相信父母对很多事情的看法，而且内心深处还有股想要证明自己的判断能力的冲动。正是因为他们有了这种冲动和想法，所以才导致了他们在自己的经验和能力有限的情况下，作出错误的判断。而且在这一时期的孩子们往往不会在乎事情的对与错，只是着急地想向父母证明自己是有能力的，并不断地挑战父母的权威，他更加在乎的事情是父母对自己的态度，自己的意愿能否在家庭中得到尊重，并且获得和父母一般平等的权利，这会致使他们铤而走险，用过于激烈的方式来为自己争取一定的权利，这也是孩子们青春期主要的特点之一。

然而，从中国教育发展和社会环境来说，一旦父母们发现孩子们有早恋的苗头，轻则口头责骂，重则以打骂的方式来横加指责孩子。这样做只会增加孩子们的叛逆心理，甚至使他们走向极端。2007年9月的一天，张萌彻夜未归，她的父母怀着焦急、担忧、害怕的心情整整找了她一天，直到第二天的下午夫妻两人通过各种各样的办法才把她找回来。但是当夫妻二人找到张萌的时候，发现自己的女儿和一个男孩在网吧里玩游戏。经过打听，夫妻两人才发现，原来自己的女儿和那个男孩在一起交往已经有半年的时间了，两个人经常约会。这个男孩学的是体育专业，他不仅经常逃课，学习成绩很差，并且和社会上的混混也有来往。而张萌本是一名品学兼优的好学生，但是自从和这位男孩子在一起之后她的成绩越来越差。夫妻两人和学校老师多次找张萌谈话，劝她和那个男孩分手，张萌都表示不乐意。不仅如此，她还和同学说如果自己父母把她逼急了，她什么事情都做得出来，而且还会离家出走。

此时，父母们应该与孩子们多进行沟通交流，如果说父母表现出的是接纳的意思，那么孩子们就会很愿意和父母分享自己的事情和心情。在父母们表现出接纳意图时可以这样说："女儿（儿子）我发现你对一男生（女生）感觉好像有点不一样，你是不是喜欢那个男生（女生）了？爸爸妈妈也是从你这般年龄过来的，你愿意和爸爸妈妈分享一下吗？你现在也开始慢慢地长大了，我们不是很清楚你现在的想法，你想怎么样来处理这

种感情呢？"父母要切记，千万不要过于激动，这样很容易刺激到孩子，致使孩子不再愿意与你沟通。在孩子愿意和你分享他们的事时，比如说孩子们决定在哪里约会，爸爸妈妈们就可以这么说："我们现在还不是很了解这个男生，并且这个地方我们觉得不太好。"爸爸妈妈们也可以这样说："你们现在都还是学生，学生是不是应该以学习为主呢？而且你们是一个学校的，就在学校交往不行吗？"总而言之，父母在和孩子们沟通讨论的时候，不要制止他们，把他们关在家里，或者是说让他们保证些什么，这样只会助长他们的叛逆心理，使事情向更加糟糕的方向发展。

父母都是从这一时期走过来的，每个父母也都应该能体会到孩子在这一时期的思想变化以及行为变化等等。换一个角度站在孩子的立场上想想可能会有不一样的效果。迪士尼翻拍的经典老片《辣妈辣妹》说的就是父母与孩子之间所存在的问题，他们是通过灵魂互换的方式来逐渐理解对方、体谅对方的。当然，在现实生活中，父母与孩子不可能在灵魂上进行互换，可是父母与孩子可以站在对方的立场和角度进行换位思考，特别是在这一时期曾一样叛逆过的父母们，更应该站在孩子的立场上为孩子多想一想，换一种角度看待孩子们这一时期的早恋，多与孩子沟通，共同分享孩子的喜怒哀乐；多赞扬、鼓励孩子们，适当地听取孩子们的意见，尊重孩子，并在适当的时候给孩子们一些建议，这样才不至于让孩子做出过于激烈的行为而走向极端。

本 节 家 教 智 慧

　　人们常常慨叹生活中缺少美，那是因为他们缺少一双发现美的眼睛。如果换一种角度来思考，你会发现不一样的美景。对于孩子早恋也是如此，父母们不要一味地把自己的思想强加给孩子。而要学会换一个角度站在孩子的立场上来思考问题，这样得出引导孩子的最佳方式。

3

孩子早恋问题真的就是"洪水猛兽"吗？

　　在现代这个多元化的社会，到处都是一些关于爱情的歌曲、电视剧、电影和书籍。在这样的氛围中，孩子们也对爱情充满了幻想和希望，而孩子十三四岁的时候也正是情窦初开的年纪，他们会把这种朦胧的情感化为一种实际行动，这也是在社会环境下所形成的一种正常的心理活动。可是，这个时候的孩子，其心理、生理等各个方面都还不成熟，父母就应该尽量去帮助孩子们正确地面对心中的情愫，避免孩子走进情感的误区。

　　刘雨欣已经14岁了，一个月前，刘雨欣的妈妈在帮女儿收拾桌子的时候，突然发现了一张写满了同一个人名的纸，显然写的是一个男孩的名字。刘雨欣的妈妈立刻意识到，自己的孩子已经慢慢地长大了，应该找一个恰当的时间和女儿聊聊天。

　　当天晚上，刘雨欣写完作业之后，妈妈就敲响了女儿的房门，并走进去和女儿看似随意地聊起天来。聊到最后，刘雨欣的妈妈故作神秘地对刘雨欣说："妈妈在你这么大的时候曾经有过一个小秘密，你想不想知道是什么啊？"刘雨欣的好奇心被她的妈妈引诱出来了，她很想知道这个秘密是什么。接着，刘雨欣的妈妈把自己在年少懵懂时期曾经写过的日记翻找出来给女儿看，那本日记记录着她在14岁的时候对异性朦朦胧胧的好奇心。

　　第二天，刘雨欣把那本日记本还给了妈妈，并对妈妈说道："妈妈，我也偷偷地告诉您我的一个小秘密哦！这几天我不知道怎么一回事，老是想着我们班上的一位男孩子。我本来还以为是自己有什么地方出了问题，犯了不应该犯的严重的错误，很怕被您和爸爸知道。可是我看过妈妈的这本日记才发现原来妈妈在我这么大的时候也有过这种感觉啊！这么一说那是不是就证明了我是正常的啊？"

孩子对自己袒露心扉，刘雨欣的妈妈十分开心，她对女儿说道："傻孩子，那是当然的啦！这本就是一段很美好的时期，并不是什么丑陋的事。而且好感和爱情是两种不同的感情，在你这个年龄段是很容易将它们混淆的。还有，你现在可以试着和那个男孩子接触一下，在你们的交往过程中，也许你会发现其实这个男孩子很普通，和其他的人没什么两样。"

刘雨欣在妈妈的鼓励下经常邀请那个男孩子以及班上的其他同学来家里玩，有时还会和他们一起出去玩。过了一段时间之后，刘雨欣对妈妈说："妈妈，我现在才发现我和那个男孩其实只是一对很要好的朋友。"

刘雨欣的妈妈在听见女儿的话后，感到非常欣慰，并为女儿能够正确地对待其心中的那一份情愫而感到开心。

在青春期，少男少女们彼此间互生爱慕情愫和相互吸引是很正常的事情。在这一阶段，他们很难克制得住自己的冲动，渐渐坠入感情的漩涡当中。但青春期也是求学的关键时期，青少年们如果涉足于太多的情感问题就很容易分散学习精力，甚至还会影响到学习。所以在孩子陷入早恋的时候，父母不要只是一味地责骂孩子，要考虑到孩子的苦闷，想办法转移孩子的注意力，升华孩子的情感，将激情转移至集体的活动中去。

李立国从小就是一个非常聪明的孩子，在小学时就曾经获得过两次市语、数双学科竞赛的冠军，因此，在小学升初中的时候李立国被保送进一所省重点中学读书。在初中阶段，李立国成绩名列前茅，初三时更是获得全国数学、物理、英语、化学这四项竞赛的大奖。

可是谁又能想到，李立国在高一的第一个学期只考了个年级105名的成绩。而正当李立国的妈妈因李立国的成绩感到不解的时候，突然接到李

立国班主任打来的电话："您的孩子正在学校里谈恋爱……"

当时李立国的妈妈正在参加南京教育学校的教干培训。李立国的妈妈在经过反复思量之后，决定让李立国周末来南京一趟。当李立国来到南京之后，李立国的妈妈就陪李立国去参观了长江大桥、紫金山天文台等地方，并且还带着李立国去南京大学、东南大学等多所学校拜访教授、大学生们，邀请他们给自己的儿子谈谈自己的成才之道。在回去的路上，李立国的妈妈和李立国彼此交谈了在南京的所见所闻，李立国的妈妈还让李立国把家乡、县城、南京各个方面进行对比，耐心地倾听儿子和几位教授、大学生接触后的感想。李立国对妈妈说："在南京的各个地方参观之后，我突然觉得自己就好像是一只井底之蛙。以前我认为自己很聪明，知识面也比别人广，但是在我听了专家、教授们的一番话之后，才发现原来我的思想是那么的幼稚和无知。从今以后，我要虚心学习，潜心读书。"

在李立国来南京的两天时间里，李立国的妈妈从未向李立国提起早恋的事情，李立国也一样没有向他妈妈提起过，令李立国的妈妈没有想到的是，这两天时间的所见所闻竟对李立国起到了意想不到的作用。从南京回到学校之后不久，李立国的妈妈就发现李立国之前那段烈火般的初恋渐渐地冷却下来了。这时的李立国把他的全部精力都放在了学习当中，学习成绩也很快提升了。在高中三年的时间里，李立国考试的总成绩也都位列于年级组第一名。在1995年高考的时候，李立国终于实现了自己的夙愿——以全市第一的成绩（675分的高分）考入了北京清华大学的自动化系。

在孩子早恋的问题上，父母对孩子进行情感上的转移要比围追堵截好许多。大家都知道，在罗密欧与朱丽叶的爱情故事中，罗密欧与朱丽叶的家族双方是世仇，所以他们爱情才会遭遇双方家族的极力阻挠。可是，来自双方家族的压迫并没有使罗密欧与朱丽叶分手，反而使得罗密欧与朱丽叶两人爱得更深更加火热，直至最后罗密欧与朱丽叶两人双双殉情而终。美国的一位社会心理学家在一次调查中发现，如果父母们干预孩子们早恋的程度越高，男女双方产生的情感就会愈加强烈深刻，而心理学家们把这一现象称为"罗密欧与朱丽叶效应"。在父母发现孩子早恋的时候，大部分的父母们都会想尽办法拆散他们，这样做不仅达不到效果，反而会促使他们之间的关系更加牢固。因此，父母们在处理孩子早恋的问题时要对孩子们动之以情，晓之以理，要留给孩子们足够的时间让他们自己去处理。

本 节 家 教 智 慧

处于青春期的孩子对异性产生好奇和感情是很正常的事情，而作为父母就要充分理解和尊重孩子，多和孩子进行心灵上的沟通、交流，帮助孩子们树立起正确的思想观、爱情观、价值观等，从而引导孩子把握正确的人生方向。

4

家有儿女，青春期的烦恼

很多父母认为，当孩子进入青春期后，他们就慢慢地开始叛逆了。其实，如果父母对孩子的身心特点有所了解的话，就不会把孩子的表现视为叛逆了，更加不会对孩子们无端地吼叫了。当孩子进入青春期的时候，身体外形会发生变化，由于他们对青春发育期身体变化的不了解，一些生理变化就常常会引起孩子们的烦躁感。而这时的孩子正处于半依赖半独立的状态，并逐渐开始有了自己的意识和想法，但却依然不能以一个成熟的态度面对自己，这样矛盾的心理反应使得他们不知所措。一旦他们遇到不顺心的人、事、物的时候，叛逆的情绪就会表现出来。

"中国式管理之父"曾是强教授曾经说过这么一句话："当父母有事没事就给孩子讲一堆大道理的时候，孩子迟早会把你的话当作耳边风。"所以父母们要注意对青少年的说话方式和语气，不要对青少年们大吼大叫，要知道孩子一直在成长，以前对孩子们的教育方式和方法已经不奏效了，很多时候不是孩子们太叛逆，而是父母们用错了方法。

李梅站在穿衣镜面前不断反反复复地打量着自己因为青春期发育而变得修长的大腿、浑圆挺翘的臀部、纤细苗条的腰肢，还有那微微隆起的胸部……这些都令她感到惊喜不已，但是在惊喜之中又掺杂着一丝丝恐慌不安的情绪，因为李梅不明白自己本是在这个世界上已经晃荡了15年的丑小鸭，怎么恍惚之间就变成了一只美丽的白天鹅了呢？藏匿在这些变化的背后又有着什么样的奥秘呢？

其实李梅站在穿衣镜前不仅照出她的外观还照出了她内心中更深层的令人惊讶的变化，如女孩在青春发育期中例假的来袭，还有在内心深处对异性的好奇、兴趣以及依恋……

青春期是幼女变成女孩的一个过渡期，对于女人的一生来说是一个最关键的时期。在这一时期里，无论是她们的身体还是心理都发生了巨大的变化，而这种变化是由女生在发育时期性生理成熟所引起的，所以父母们要及时地、具有科学性地对处于这一时期的孩子进行性教育，普及青春期的保健知识，帮助孩子们成功、安全、健康地度过青春期，使他们顺利走进成年期。

作为母亲，要耐心地告诉处于这一时期的女儿怎样去保护、爱惜自己，如何清理个人卫生等等，对孩子多些体贴，多些关心和爱护。可以通过书籍让孩子了解青春期所要发生的生理变化，给孩子上一堂课，共同学习探讨，这样才能更好地了解孩子的需求和孩子们内心深处的想法等。

针对青春期的男孩而言，在这一时期父亲们要多多地去关心孩子们，多和孩子们进行交流，而且在孩子面前的举止要合体、语言要文明、仪表要得体等等。如果父亲对待孩子冷若冰霜、不亲近孩子，那么孩子会因对父爱的渴求，就会逐渐对异性产生好感，并且会使喜欢、爱恋异性的意识占据主导位置。

本 节 家 教 智 慧

在孩子进入青春期的时候，父母们要多关心孩子、多和孩子交流沟通，让孩子了解在青春期所要发生的事情和将要出现的问题，让孩子做好准备来迎接青春期的到来。孩子此时身体开始发育，孩子的体型、生理都会发生变化，父母在这一时期要和孩子细心地沟通，并包容孩子的一切过错，并多多体贴孩子、关心孩子，教孩子一些在青春期内的生理常识和一些性知识，让孩子能更好地保护自己，使孩子顺利、安全、健康地度过青春期。

第八章

改变孩子生活中的坏习惯既不能吼也不能叫
——孩子的坏习惯不是一天就养成的

孩子的分辨能力不强，容易受外界的不良信息所诱惑，这样就会形成一些坏习惯。也许是父母的纵容，也许是孩子无意的行为，如果放任下去，必定产生难以预料的后果。

许多父母在面对孩子的坏习惯时，总是喜欢用大吼大叫的方式来批评教育，但是结果往往不尽如人意。要知道，坏习惯并不是说说就能改掉的，这需要父母掌握正确的教育方法。比如说，把孩子的坏习惯和其兴趣爱好相结合，让孩子在兴趣中学习，帮助孩子走出坏习惯的误区。

对待孩子的坏习惯既不能吼也不能叫，父母必须明白孩子的坏习惯不是一天就养成的，这需要父母们以身作则，以实际行动来告诉孩子应该怎样做，并从小就培养孩子独立的品格，事无巨细从小事做起，让孩子从小得到锻炼，坏习惯自然也就能得到及时纠正。

1

将改变坏习惯与兴趣、爱好相结合才能找到突破口

　　在孩子的成长过程中，由于分辨力不强，容易受不良信息诱惑，养成各种各样的不良嗜好，这令父母们头疼不已。在生活中，人们常常可以看到："爸爸，你给我一千块钱，我要买手机，我们班同学都有了。""妈妈，我今天不想上学，你帮我请假吧。"面对孩子的无理取闹，父母都是无可奈何。然而，坏习惯一旦养成，便很难改掉。不少父母在面对孩子的坏习惯时，通常都是先大吼大叫一番，再进行责骂，甚至体罚，可是这样往往会伤害孩子的幼小心灵，令其对父母产生怨恨，直接影响亲子关系的和谐发展。其实，要改正孩子的坏习惯并不难。教育学家认为，将孩子的坏习惯和他的兴趣、爱好相结合，能够更好地找到突破口，最终改正孩子的各种坏毛病。

　　孩子的坏习惯并不是一天养成的，而是多种因素综合影响，日积月累导致的结果。比如说，孩子不喜欢跳舞，可是妈妈硬逼着她学，刚开始孩子还勉强接受，但越学越累，孩子就压根不想学了，于是就向妈妈撒娇、哭闹，妈妈一时不忍心，就答应以后不用学了，这样就容易使孩子养成"一有什么事情不如意，就撒娇、哭闹"的坏毛病，从而导致孩子以后无法自立自强。

　　5岁的李哲不小心把花园里的那株郁金香踩死了，那是奶奶生前最爱的花，因为怕责罚，就骗父母说是邻居家的小朋友来玩的时候不小心踩坏的，父母想也没想就相信了，还让孩子以后少和他接触，孩子心中高兴不已，只是一个小小的谎言，父母竟然就信了。李哲心中窃喜，做错了事也不用挨骂，之后渐渐地养成爱撒谎的坏习惯。

孩子本性贪玩，喜欢新奇的事物，父母如果能把孩子的坏习惯和兴趣爱好相结合，一定能起到积极作用。俗话说，兴趣是最好的老师。那么，要想改掉孩子的坏习惯，从他的兴趣爱好入手更快一些。

七岁的倩倩有个吃饭前不洗手的坏习惯，倩倩的妈妈对此头疼不已。虽然倩倩的妈妈每次都强制性地要求她改掉这个坏习惯，可倩倩就是不听，有的时候倩倩的妈妈气急了，就会对女儿大吼大叫，刚开始的时候有点效果，吼完女儿就乖乖地去洗手了，可是时间一长，任凭妈妈怎么吼叫都没有用，她不去就是不去。妈妈很生气，可又无可奈何，每次对女儿吼完，她就一个劲地哭，到时候还是要自己哄，于是就渐渐随她了，慢慢地，倩倩就养成了吃饭前不洗手的坏习惯。

有一次，倩倩放学回家，看到桌上放了很多精美的糕点，完全不顾自己下午刚上完体育课，还没有洗手，扔下书包就拿手抓糕点，吃得开心极了。没想到半夜的时候倩倩的肚子疼得受不了，自己在床上翻来覆去地打滚，睡在隔壁房间的父母听到了，赶紧跑进来把她送进了医院。医生诊断是因为平时不注意卫生，得了急性胃肠炎。倩倩的父母这才意识到，不洗手的坏习惯有多么严重，不能纵容女儿再这样下去，一定要把她饭前不洗手的坏习惯给改掉。但是，倩倩是个软硬不吃的家伙，妈妈急得不得了，想用这次的事情吓吓她，希望能让她收敛点，可是好景不长，没过多久倩倩又恢复了原来的样子，照样吃饭前不洗手，妈妈很是头疼。

后来，倩倩的妈妈想了个办法，她知道这个年纪的孩子都喜欢看童话故事，于是就从这方面入手，希望能帮倩倩改掉这个坏习惯。倩倩每晚临睡前，妈妈都会给她讲一篇童话故事。这天，妈妈找了些关于卫生知识方面的童话故事。在讲故事时，她故意引导孩子："你愿意让成千上万个细菌在你的肚子里安家落户吗？像小公主一样不注意卫生在地上疼得死去活

来？"

"妈妈，我不要像小公主那样，可是为什么我看不到那些细菌啊？它们真的会在肚子里长大吗？"倩倩睁大眼睛看着自己的双手。

"当然看不见了，因为它要用科学家的显微镜才能看见，学校开设的科普课上不是说过吗，科学的力量是伟大的，它能让一切细菌暴露无遗。如果你经常不洗手的话，就会像童话里的小公主一样，每天被病魔折磨，还会慢慢地死去，你想这样吗？"

"妈妈，我不要这样，我以后会乖乖听话，每天吃饭前都会洗手的，不让细菌有机会到我的肚子里。"倩倩认真地点点头。

倩倩的妈妈很欣慰，女儿终于肯听话了。从此以后，每次吃饭前，倩倩都会乖乖地去洗手，也不用妈妈提醒了，偶尔发现爸爸不洗手就吃饭，倩倩还会一本正经地教育爸爸："爸爸，你想让细菌在你肚子里生宝宝吗？"这让倩倩的爸爸不好意思起来。

很多时候，孩子之所以养成那些坏习惯，除了自身没有意识到那些坏习惯的危害外，还有就是父母没有掌握正确的教育方式，在无形中纵容孩子，让孩子产生"没关系，即使这样做了，爸爸妈妈也不会怎样"的心理。心理学家认为，孩子在成长过程中，父母如果没有好好掌握正确的教育方式，会使孩子走上歧途，酿成不可挽回的后果。育儿专家对此建议，父母在改掉孩子坏习惯时可以从孩子的兴趣爱好中寻找突破口，对孩子进行教育时，也不能用说教的方式，这会令孩子产生反感。因此，父母应理智地教育孩子：

（一）在和孩子沟通时，不能使用说教的方式

每当孩子犯了错，大多数父母都喜欢采用说教的方式，这也是孩子最不喜欢的。所以在发现孩子的坏习惯时，父母切记不要用说教的方式去和孩子交流，这容易引起孩子的反抗，可能会使坏习惯变本加厉。要想根除

孩子的坏习惯，掌握正确的教育方式是十分重要的。尤其要注意在对孩子进行引导时，教育的意图不要太过明显，如果直接使用说教的方式告诉孩子："我给你讲这个故事，就是为了让你明白坏习惯的危害性，然后彻底改掉你的坏习惯。"这样一来，孩子就会觉得很无趣，还可能引发孩子的反感。

（二）将改变坏习惯与兴趣爱好相结合

如何改掉孩子的坏习惯是每位父母都十分关心的问题。育儿专家认为，可以把坏习惯和孩子的兴趣爱好相结合。比如说，孩子很喜欢玩游戏，经常半夜不睡觉起来玩游戏，父母怎么说都不听，这时父母可以从侧面入手，既然孩子喜欢玩游戏，那么父母就陪着他一起玩，玩一些益智类的游戏，然后给他灌输不要过分沉溺于游戏的思想，让孩子在游戏中改变坏习惯，变成好习惯。

（三）在教育中潜移默化

其实，孩子的坏习惯很多都是由于父母的纵容、溺爱、自身没起到榜样作用导致的。因此，在纠正孩子的坏习惯时，父母的教育会起到关键性作用。比如说，父母不喜欢吃西红柿，孩子也可能会因此而不喜欢吃；父母没有随手关灯的习惯，孩子自然也会养成这种习惯；父母乱花钱，孩子花钱也大手大脚。所以，父母要以身作则，从自己做起，一步一步地，让孩子在潜移默化中改变自己的坏习惯。

本节家教智慧

　　俗话说，兴趣是最好的老师。改掉孩子的坏习惯最好的方法是从兴趣入手，用孩子喜欢的事来教育孩子，这样才能取得更好的效果。习惯的养成往往是长期积累的结果，父母还要学会自我反省，从自我做起，在潜移默化中引导孩子改掉坏习惯。

2

对待孩子的"小磨蹭"，首先要学会接纳

很多父母都有这样的烦恼：孩子做事总是慢吞吞的，一点都不着急，做作业比别的孩子慢，跑步比别人慢，就连抢糖果也比别人慢半拍。对此，父母总是焦急万分，打不得骂不得，不知道该怎么办。

对待孩子做事喜欢磨磨蹭蹭的坏习惯，很多父母采取的做法都是：对孩子大吼大叫地一顿批评，并严厉限制他的行为，可是这样往往起不到好的效果，比如说孩子产生破罐子破摔的心理、对父母的话越来越抗拒等。在生活中，人们也常常可以看到这样的场景：父母在前面焦急地走，孩子在后面慢慢地跟着，还不时地东张西望，这就是人们常说的"小磨蹭"。孩子在成长过程中，多多少少都会有些坏习惯，如果父母的教育正确就会变成好习惯。

父母一旦发现孩子有磨磨蹭蹭、拖拖拉拉的现象，就得马上处理，不然长期下去，孩子就会养成坏习惯。但是，在对待孩子的小磨蹭时，父母不能有先入为主的思想，想当然地认为孩子是故意如此的，进而批评或是吓唬孩子，这会让孩子产生反感，影响亲子关系的和谐发展。孩子在幼儿时期，由于身体发育不完全，肢体不灵活，做事经常慢半拍，所以动作慢是可以理解的，但是孩子渐渐长大后却还是这样的话，那么父母就一定要重视。对待孩子的小磨蹭，父母首先应当学会接纳它，只有自己接受了，才能更好地引导孩子改掉这个毛病。

相信很多父母都有这样的困扰：孩子做事总是拖拖拉拉，比如早上叫

他起床，叫了半天，等自己已经做好早餐了竟然还没出来，说几句严厉的话，孩子就大吵大闹，好像是父母做错了似的。

素素做事情特别慢，总是喜欢拖拖拉拉的，她的父母为此都不知道说过她多少回，可是她还是一如既往。比如说，吃饭的时候，老是喜欢抱着饭碗盯着电视机，隔好久才往嘴巴里塞一口饭；又比如说，上厕所的时候，总喜欢拿着童话故事书进去，然后在里面一蹲就是半个多小时。父母对于素素的这种现状总是无可奈何。

有的时候，爸爸实在是看不下去了，吼了她两句，她就不停地哭，还好几天不理爸爸，爸爸也拿她没辙，就由着她了。可是孩子越来越大，拖拉的毛病也越来越严重，爸爸实在是忍受不了了，觉得有必要改正她这个坏习惯。

爸爸有个当幼儿园老师的同学，于是特地去向她讨教良策。她告诉素素的爸爸："孩子磨蹭的毛病其实主要是父母给惯的，父母对于孩子过分宠爱，生怕一个不小心磕着碰着，事事不让孩子动手，同时父母都属于急性子，孩子毕竟是在学习中，做事情难免会慢，于是父母就喜欢自己动手帮她们解决。而且不少父母认为孩子还小，磨蹭只是暂时的，现在先帮她做着，等她长大之后，自然就不会慢吞吞的。殊不知，正是因为这种想法和做法，才导致孩子养成了磨蹭的坏习惯，助长了孩子拖拉的气焰。"作为父母，对于孩子磨蹭的坏习惯，首先要做的便是接纳它。而生活中，大多数父母在面对孩子的坏习惯时总是怒火中烧，气急了便对孩子大吼大叫，勒令孩子改正，其实这种做法是最不可取的。父母也是从孩子过来的，应该更能体会到孩子的处境，再说孩子并不是自己故意要这么做的，他们只是自己还没有意识到这样做的危害性和严重性。父母作为孩子最亲密的人，都无法接纳孩子的话，那么孩子一定会感到难受，进而影响亲子关系。这位幼儿老师还建议素素的爸爸："接纳孩子的小磨蹭，可以从孩子的慢性子里发现孩子的优点，比如，孩子做作业慢吞吞，每天都要很晚才能上床睡觉，可是换个角度想想，正是因为孩子的慢性子，使得她做事情更加仔细，考虑事情也更加周到，这难道不是个优点？所以说，对待孩子的小磨蹭，不能急，父母要首先学会接受它，然后再帮助她改掉。"

爸爸听完之后顿时明白了，决定好好试试同学说的方法。一天，素素做作业又拖到很晚，他耐着性子陪着她，然后故意算错个数，他想试试女儿能不能发现，结果令他非常惊喜，素素果然没有让他失望，不仅把算错的数字找出来了，还发现了更简单的计算方法。从此以后，他就不再对女儿的小磨蹭大吼大叫了，而是学会了接纳它的存在，再利用正确的方式引导她。比如，在她做完作业的时候表扬她："女儿，你真棒，做事情这么认真，只是要能做得再快点儿就好了。"这样长期坚持下来，素素磨蹭的坏习惯渐渐根除了，父女俩都很开心。

现在的大多数家庭都只有一个孩子，一般都是几个大人围着一个小孩转，孩子的衣食住行大多由父母包办，于是许多孩子磨蹭的毛病就这样被惯出来了。孩子渐渐长大，这种坏习惯带入生活的方方面面，对孩子产生不利影响。生活中总有父母在抱怨孩子磨磨蹭蹭，可是却从没想过，孩子的这种行为到底是谁造成的呢？因此，教育专家呼吁广大父母，对待孩子的小磨蹭，父母首先要学会接纳它，教育孩子时既不能吼也不能叫，这样才不会让孩子产生反感情绪。如何对待孩子的小磨蹭？父母要注意以下几点：

（一）父母要学会放手，不要事事亲历亲为

孩子总会长大，不能总是呆在父母身边，如果父母总是事事亲历而为，这样会让孩子养成拖拉的坏习惯。不少父母都在抱怨：孩子吃饭总是端着饭碗不动，每顿饭都要吃好久；孩子走路总是喜欢东张西望，走路慢吞吞的。可是父母有没有想过，是不是父母自身的原因造成的呢？如果孩子吃饭慢，父母就帮着喂；孩子走路慢，父母就抱着走，那么孩子怎能改

变慢习惯呢？所以父母要想改变孩子磨蹭的坏习惯，就要先从自身开始反省，学会放手，让孩子自己去尝试，比如孩子跑步落后别人一大截被人嘲笑，他就会记住这个教训，自然就改变自己磨蹭的坏习惯了。

（二）停止催促，坚持表扬

孩子在做事慢吞吞的时候，很多父母都喜欢在耳边不停地催促。在他们看来，只有不停地催促孩子，孩子动作才能快起来。但是结果往往不如人意，父母越是催促，孩子动作越是缓慢，而父母此时会更加生气。教育专家建议父母，在孩子做事磨蹭的时候，父母最好给他个肯定的眼神，鼓励他表扬他，他才更有动力。比如说，给孩子布置一道很简单的题目，给他一到两分钟时间，如果孩子在两分钟之内完成了，父母要故作惊讶地说："天哪，你比以前快多了，妈妈还没算好呢，真棒。"受到表扬，孩子的动力更能被激发，继而彻底改掉磨蹭的坏习惯。

本节家教智慧

育儿专家建议父母，父母要理智地对待孩子的坏习惯，并从自己做起，在接纳孩子坏习惯的前提下，引导孩子养成好习惯。坏习惯不是一天就养成的，父母在批评孩子的时候，千万不要使用大吼大叫的方式，这容易引起孩子的反感，不但起不到任何效果，还会影响亲子关系的发展。

3

不能纵容孩子的坏习惯，但是也不能大吼大叫

　　每个父母都希望孩子是有良好习惯的人。而如今，孩子大多都是独生子女，父母们也因此过于溺爱孩子，孩子想要什么就有什么，对孩子有求必应。但是这种做法容易让孩子养成霸道、娇纵、不负责任、自私等坏习惯。

　　王浩正在上幼儿园，他的母亲从小就非常疼爱他。每天坐校车去幼儿园的时候，王浩都会向母亲要很多的东西，在和老师谈话的时候也要按照他的要求来做，在校车到达幼儿园的时候，还必须让妈妈抱着自己下车才行，之后王浩再背着妈妈准备好的东西走进教室，然后妈妈必须按照王浩在上车之前所要求的事情复述给老师，如果妈妈在复述的过程中顺序出现错误或是少字漏句的话，王浩就会大哭大闹不依不饶，并要妈妈重新复述直到正确方才罢休。

　　于是，每天早上王浩上幼儿园的时候，就会见到王浩的妈妈在老师面前不断地重复说着："老师，我今天有四件事情要跟您说一下：第一件事情是我们家王浩早上起来的时候肚子疼；第二件事是我们家王浩今天早上起来的时候发现自己没有睡好；第三件事是我们家王浩今天在幼儿园吃饭的时候要吃干饭；第四件事是我们家王浩现在还想睡觉，请您安排一下……"

　　在现代社会中，这种霸道的孩子并不少见，同时这种孩子也是最让父母伤脑筋的。随着孩子年龄的不断增长，他们开始有了自己的想法，这时

孩子想摆脱他人对自己的约束，经常会说"不要"、"不好"、"不行"等词语，并且这种霸道的行为方式会一直持续到三岁左右。

在孩子出现了霸道的行为时，父母应当先对孩子进行了解，之后再进行制止和纠正。当孩子有了好的表现和行为的时候，父母及时给予孩子鼓励和肯定，并强化孩子这一好的行为，这样孩子的意识里就会知道什么事情可以做什么事情不可以做。父母不要强制孩子接受他们当下还接受不了的事情，要学会和孩子讲道理，并让孩子渐渐了解、接受，这样会让孩子成长的同时也让孩子学习为人处事方面的道理。

孩子在成长的过程中也是需要建立人际关系的，想让孩子们有良好的人际关系就需要父母们的努力了。例如：父母们可以带孩子多多参加集体活动、同学的庆生会等活动，这样孩子们就可以学到如何去分享自己的快乐和施予他人帮助，而不是自私地只顾自己，这样孩子们就会建立起良好的人际关系；在孩子遇到问题的时候，父母要时时关心孩子，及早地发现问题、帮助孩子们解决问题，这样做能更好地促进孩子们健康成长。

如果父母过于溺爱孩子，纵容孩子的坏习惯，不但不是爱孩子的表现，反而是害了孩子。同样，随意地打骂、吼叫孩子也是不对的。一方面打骂、吼叫管制孩子并不是长久之计，长此以往，孩子可能会变本加厉，变得更加难以管教。另一方面他们的内心深处会被怨恨和对父母的不满充斥着，并开始慢慢地失去自尊、自爱和自信，同时当他们遇到问题的时候他们也会用打骂的方式去解决。所以父母在教育孩子的时候既不能溺爱孩子，也不能采用非打即骂、非吼即叫的方式。当孩子犯错误后，父母应该冷静下来，用理智克制住自己，对孩子进行事情分析和对孩子讲道理，让孩子明白和懂得对与错，使孩子改变自己的错误。

本 节 家 教 智 慧

　　苏联著名教育家马卡连柯就曾经在《父母必读》的序言中写过这样的话："子女固然由于父母方面的爱的不足而感到痛苦，可是，他们也会由于那种伟大的爱的感觉而腐化堕落。理智应当成为家庭教育中常备的节制器，否则孩子们就要在父母最好的动机下养成最坏的缺点和行为了。"这就要求父母们在不溺爱孩子的情况下爱孩子，要有分寸，懂得给孩子酿造好的精神食粮和思想营养，父母们要做到有理智地去爱孩子们，把对孩子的热爱和对孩子的严格要求紧密地结合在一起，用正确的心态面对孩子所犯下的错误，并且让孩子明白错误的所在，引导孩子明是非、讲道理、知对错、辨好坏。

4

聪明父母都会采取"曲线救国"的方式
及时扭转孩子的坏习惯

爱玩是每个孩子的天性。很多父母认为孩子爱玩不但会影响孩子的学习，而且还会让孩子养成坏习惯，甚至最后有可能会使孩子走向违法犯罪的道路。于是，不少父母为此严格约束孩子，殊不知这样会让孩子产生压迫感。显然，父母必须正确地认识到孩子爱玩并不是说孩子不听话，反而是孩子与众不同的个性和孩子创造力的表现。

学校明令禁止学生在上课期间不能带玩具来学校，但是季晓云总能变着法儿地在下课时间里玩各种花样的游戏。有一次，在语文课上，季晓云拿着铅笔在身旁的空地上踢起他刚发明的铅笔球，同学们的目光也都放在了他的身上，语文老师看到这样的情形之后瞪了季晓云一眼，季晓云意识到后，立马正襟危坐，装作刚才好像是没有任何事情发生过一样。在语文老师继续书写板书的时候，季晓云又在后面扮鬼脸，惹得同学们在课堂上哈哈大笑起来。

最近，一家游戏厅在学校附近开业了，季晓云顿时觉得自己终于有了用武之地，从那以后季晓云不来上课是家常便饭，而且季晓云还用父母给他的零用钱或是从父母那里骗来的钱到这家游戏厅玩游戏，季晓云从此就把游戏厅当作了逃避学习苦难的一个世外桃源。自此之后，季晓云的成绩也在一天天下降，由最开始的优等生变成了差等生，经常考试不及格，对于父母的打骂也是持无所谓的态度。父母见打骂对于季晓云来说根本起不了作用，这更是急坏了父母。

其实，父母对孩子爱玩应该保持理智，辩证地看待这一现象，当孩子在闲暇时玩耍，这本无可厚非，毕竟爱玩是孩子的本性，但孩子过于沉迷于游戏，以致荒废了学习，这就需要引起注意了。

父母要引导孩子做游戏，让孩子在玩乐中学习，这样会使孩子学习起来轻松一点、快乐一点。而如何运用游戏来引导孩子们自在、快乐地学习就要依靠父母们自己的智慧了。

首先，父母们在教育孩子时不能采用打骂、大吼大叫的方式。可以用眼神、言语、动作、情景去暗示孩子，这会比大吼大叫更有效。在孩子做题时解开了一道很难解答的题目，就可以对孩子加以赞许，脸上也露出高兴的表情，这样做会使孩子以后在学习上更加积极；其次，在孩子经常赖床的时候，突然间对他说"宝宝今天很乖，自己早早地就起床了，而且还叠好了被子"，这样就使父母在对待孩子教育的时候，采取了一种暗示性的教育方式，用巧妙的语言把自己的观点说了出来，并且让孩子知道和接受这种教育；另外，父母要多鼓励孩子，父母通过这些，不仅表达出对孩子的爱，而且还可以帮助孩子建立自信心。

张岩是一个在鼠年出生的孩子，由于张岩在最近的两次考试中都是满分，所以渐渐就骄傲起来了。张岩的爸爸知道这件事情后，就给张岩讲了这么一则故事：

从前有一只小老鼠外出旅游，但是这只小老鼠在旅游的途中遇见了两个小孩子在一棵大树下下棋，于是小老鼠就悄悄地走了过去。结果小老鼠发现了一个很大的秘密：在下棋时，老鼠虽然可以被猫、狗、狼等动物给吃掉，但是老鼠却可以战胜强大的大象。此后，小老鼠就认定自己才是真正的百兽之王，小老鼠越想越得意，越想越开心。从此以后，小老鼠不仅不再畏惧猫，还鄙视狗。这样还不算，它还大摇大摆地爬到老虎的背上耍起了威风，也恰巧老虎在这时打起瞌睡来，不愿意动。这样一来，又加

剧了小老鼠的得意忘形，它趁着黑夜降临的时候偷偷地钻进了大象的鼻子里，之后大象感觉到鼻子里面很痒，于是乎"哈——哈嚏"，大象打了一个好大的喷嚏，小老鼠就像一枚炮弹似的从大象的鼻子里飞了出去，在天空中飞了好长的时间，只听见"噗通"一声，小老鼠掉到臭水沟里去了。

讲完故事后，张岩的爸爸对儿子说："你这只'小老鼠'应该不会像故事中的那只小老鼠一样掉到臭水沟里面吧！如果你要是不想的话，就记住一点，那就是永远也不要骄傲。"

张岩很快地认识到了自己的缺点并且立即改正了过来。

张岩的爸爸以说故事的形式对孩子进行暗示教育，让孩子冷静下来思考问题，并让孩子自己去明白这其中的含义。教育孩子，就需要父母有这样的明智之举。

对孩子进行暗示教育的时候，父母可以借故事来对孩子阐述一个道理，以故事中所发生的事情让孩子明白一些道理，在对比鲜明、生动的故事中孩子就可以受到启发和自我反省，自然而然就会听取父母给的意见或是建议。

本节家教智慧

对孩子而言，父母的暗示教育比直接劝告更能被孩子接受和喜欢。这样借以生动的寓言故事或是用比喻的方式来暗示孩子，让孩子从中学会冷静地思考、明白道理，这样比说教、直接地劝告孩子更有效果。而且父母同时也是孩子的老师，父母的言行举止都会对孩子有影响，所以教育孩子特别是对孩子进行暗示教育时要从语言、动作、眼神、表情和情景中给孩子合理而无声的暗示，这样才能更好地达到教育孩子的目的。

5

改掉孩子心胸狭隘的坏习惯

　　法国著名浪漫主义作家罗曼·罗兰曾经说过："心胸狭隘最简单的定义是太过分专注于个人利益，而容不下别人的利益。"心胸狭隘的人是得不到别人的喜欢的。

　　从前，有两位虔诚的教徒千里迢迢地去朝见一位圣者，他们经历万种磨难终于到达目的地。虔诚地跪拜之后，在离别之时，圣者对他们二人说："我可以送你们俩每人一份礼物，你们当中的一个人可以先许一个愿望，愿望马上就会实现，而第二个人则可以得到第一个人愿望的两倍。"两个教徒都希望自己是获益最大的那个，都想让对方先许，于是两人推来推去，谁都不肯先许愿。于是，在相互推让的过程中，其中一个教徒不小心抓伤了另一个教徒的手臂，另一个教徒当下就生气了，说道："你再不许愿，我就掐死你。"那个教徒也不相让，说："你再不许愿，我打死你。"于是他们俩当场就打了起来，二人互不相让，圣者对此也颇为无奈。其中一个教徒被另一个教徒抓伤了眼睛，在地下痛得直喊疼，于是他异常愤怒地说："我先许愿，让我的这只眼睛瞎掉。"很快，圣者满足了他的要求。接着，另一个教徒的两只眼睛也马上瞎掉了。面对这种结果，圣者连连叹气："他们明明可以获得更好的，却偏偏因为自己的自私、狭隘沦落到如此地步，真是可悲啊。"

　　正如这个故事中的两位教徒最后所得到的，自私的人往往不会有好结果。在家庭教育上，这是个特别需要引起重视的问题。在当今社会，由

于很多孩子都是独生子女，从小被父母捧在手掌心上，爸爸妈妈、爷爷奶奶整天就围着一个孩子转，这容易让孩子形成一种错误的观念："我就是最好的，别人都不如我。"因此，当孩子走出家门，走进校园，甚至走向社会，面对别人比自己强的现实，一般都难以接受，很容易引发孩子嫉妒、心胸狭隘的坏习惯。而且有的父母本身就喜欢斤斤计较，一点亏都不能吃，这也在无形中影响孩子，导致孩子养成自私自利、心胸狭窄的坏习惯。

很多父母都疑惑，孩子为什么会变得嫉妒心这么强，心胸狭隘，容不得别人比自己强？其实最应该反省的是父母自己，是不是自身的教育方式出了问题？相信很多父母在生活中都会遇到这样的问题："妈妈，我不喜欢我们班的陈兰兰。"孩子生气地说道。"为什么呢？你们在幼儿园的时候不是玩得挺好的吗？"妈妈疑惑地说道。"以前是以前，现在是现在。她从前一直跟在我后面的，现在她跟别的人玩了，我们班的男孩子还说她是我们班长得最漂亮的女生，她今天还特地穿了条漂亮的红裙子，把我们班的男生迷得团团转，哼，我不跟她玩了。她压根就没我漂亮！"对于孩子的这种现象，明显就是嫉妒心作祟，容不得别人的半分好。面对孩子的这种坏习惯，大多数父母的做法是对孩子大吼大叫地教育一番："你怎么能这么想别人呢？妈妈不是说过不能这么对待你的朋友？你怎么这么不听话？给我回房间反省去，写个五百字的检讨出来再吃饭。"殊不知，正是因为这种做法，使得孩子非但不知道自己错在哪里，还容易引起孩子对父母的极度不满，影响亲子关系的发展。

在面对孩子的坏习惯时，有些父母不但没有帮助孩子走出错误的认识，还煽风点火地说："就是，他们怎么能比得上我们家的小宝贝呢，我们以后不跟他们玩了，我们家的宝贝最棒了。"父母认为这样可以帮助孩子改掉心胸狭隘的坏习惯，其实这样更助长了孩子的任性气焰，这样将导致他们在未来的成长道路上走不少弯路，而且对他们的心理健康极为不利。这种教育方式在无形中传递给孩子一种"别人当然都不如你"的思想观念。孩子一旦面对比自己强的人时，就很难接受现实，很容易发生不可预知的严重后果。

孙晴从小就很要强，一直是个优秀的孩子，也一直是爸爸妈妈的骄傲。她从小就很会察言观色，在知道自己做错事的时候，立刻跟妈妈撒娇，每次都能逃过责罚。进幼儿园的时候，上课总是积极地举手作答，很会讨老师的欢心，学校有什么表演也总喜欢让她参加。上小学时，孙晴从小就得到很多机会参加比赛，而且她本人也十分好学，各种才艺样样皆通，是老师的宠儿。每次的父母会，孙晴的妈妈都会作为被夸奖的对象，因此孙晴的父母对她更加疼爱，几乎是有求必应。正是因为这种处处受人欢迎的感觉，使得孙晴产生了一种优越感，而且这种优越感具体表现为"我可以，别人不可以！"

孙晴虽然学习成绩突出，并且有很多值得骄傲的地方，但却有一个十分严重的坏习惯——容不得别人比她强，受不得一点批评，心胸狭隘。正是因为如此，导致她和班上同学关系紧张，和老师也经常闹小矛盾。有一次，因为她和班上一个同学争吵起来，老师了解情况后立即指出是她的过错，可是她却不知悔改，认为是老师故意偏袒那个同学，故而和老师大吵大闹。

对于女儿的这种状况，孙晴的妈妈很是焦心，担心她继续这样下去，会越来越适应不了社会，最终被社会淘汰。

其实，像孙晴这种心胸狭隘的坏习惯在独生子女身上已经屡见不鲜。父母该怎样帮助孩子改掉这个坏习惯，成为了每个父母最关心的问题。培养一个健康优秀的孩子是每个父母的心愿，然而在孩子的成长过程中，总是少不了坏习惯如影随形，这时候父母需要做的就是掌握正确的教育方式，帮助孩子改正心胸狭隘的坏习惯，做最好的自己。

（一）创造机会，让孩子多接触同龄人

独生子女心胸狭隘的一个重要原因就是从小在家人的呵护下长大，和同龄人接触的机会太少，所以他们一旦发现自己不如别人时，就容易对别人产生怨恨，甚至打击报复。因为从小被爸爸妈妈、爷爷奶奶包围着，于是孩子经常以自我为中心，从来不站在别人的角度上考虑问题。父母要想杜绝孩子养成这种坏习惯，就要多创造机会，让孩子多接触同龄人，多和朋友相处，让他们在交往中学会宽容、体谅他人，打造良好的社交能力和社会适应能力。

（二）父母不可偏袒孩子，要帮助孩子正确评价自己

当孩子在人际交往过程中遇到困难时，父母要做的是站在客观的角度上，帮助孩子分析情况，找出事情发生的前因后果，客观地审视自己，切记不可偏袒孩子，而应该帮助孩子正确评价自己。父母在教育孩子的时候，要站在公平、公正、客观的角度来看待孩子的问题，千万不能一味地袒护自己的孩子，否则会更加纵容孩子心胸狭隘坏习惯的养成。

（三）父母要有博大的胸怀

作为父母，要有博大的胸怀，在遇到矛盾和冲突时，更要理智处理，为孩子做出榜样，不能斤斤计较。能够不怕吃亏，不计较得失，让孩子在正确的教育方式下成长，从而培养孩子宽容、谦让的品格，让孩子健康地成长。

本节家教智慧

俗话说："十年树木，百年树人。"培养一个优秀的孩子是每个父母都十分关心的问题，所以如何改正孩子的那些坏习惯就成为每个父母都关心的事。对待孩子的坏习惯，千万不能大吼大叫，父母要明白坏习惯不是一天养成的，因此要从小做起，从小事做起，从生活中慢慢改正孩子的坏习惯；用潜移默化、以身作则的方式慢慢渗透、影响孩子，使其健康成长。

6

怎样让胆小鬼敢于挑战

人们在生活中经常会碰到这样的场景：孩子胆小，家里来了陌生人就习惯躲在父母的身后，一言不发，即使父母让孩子出来，孩子也躲躲闪闪，有时还会哭闹；有的孩子在课堂上不敢和老师交流，老师对他提问，他只会低下头或小声地回答问题；有的孩子不敢一个人待在家里，总是说害怕，父母去哪都要跟着，但是却说不清楚害怕什么；有的孩子在外面受到别的孩子的打骂，也不敢报告父母老师，更不敢反抗，只会自己一个人躲在被窝里哭。父母每次面对孩子胆小的毛病，一方面希望自己的孩子能够勇敢一点，另一方面又怕管教多了给孩子造成心理负担。

怎样让孩子摆脱胆小的坏习惯呢？有的父母为了改变孩子胆小的坏毛病，特地让孩子去做他不敢做的事情，比如说，孩子天黑不敢一个人待在家里，父母为了训练他的胆量，就特地把他一个人留在家，结果弄巧成拙，把孩子吓坏了，让孩子产生了恐惧心理。有的父母在面对孩子胆小的坏习惯时，气急败坏，对孩子的胆小怯懦总是无法理解，觉得很正常的事情，孩子为什么会觉得害怕呢？这样就往往会对孩子的胆小大吼大叫。然而他们并没有想到大吼大叫的教育方式会让孩子更加恐惧，并不能真正改掉孩子胆小的坏习惯，还可能从此让孩子恨上父母，导致亲子关系的不和谐。

现如今，很多家庭都是独生子女家庭，孩子就是父母的掌上明珠，父母围一个孩子转。在这样的环境下，很多独生子女就养成了骄纵、不服管教的性格。也许是父母小心翼翼的照顾，什么事情都喜欢帮他们做，导致很多独生子女都出现胆小、怯懦的心理问题。父母们一方面希望能够帮他们改掉胆小的毛病，另一方面又不希望他们受苦。什么事情都不可能做到十全十美，这样的结果往往是孩子没有历练，经验过少，更加地胆小。

笑笑是家里的独女，爸爸妈妈从小十分宠爱，什么事情都不让她动手，生怕一不小心伤着了。于是，这便使得笑笑胆子很小，不敢见陌生人，只要一有陌生人靠近，就会哇哇大哭，而且就是进入幼儿园后，这种状况也没有缓解，一如既往地胆小。笑笑的父母十分担忧，很想帮笑笑改掉这个坏习惯，可是用尽各种方式也没有达到很好的效果，还把笑笑折磨得不成样子。有次，学校要求全体学生参加学校组织的夏令营，妈妈觉得这是个很好的机会，认为是时候让笑笑出去锻炼锻炼了，就放心地让她去参加了。

临走前，妈妈还特地叮嘱笑笑："这是个锻炼你自己的好机会，你一定要好好照顾自己，不要事事都麻烦别人，让别人帮忙，自己的事自己完成，不会的事要及时和老师沟通，妈妈在家等你回来。"笑笑怯懦地说道："妈妈，我可不可以不去参加夏令营，这次夏令营的目的地是在森林，我不想去，那里面有好多凶狠的动物，如毒蛇、老虎、刺猬等，真的很恐怖，而且还有蚊子，一旦被蚊子咬了，伤口会发痒的。我不要去，你帮我跟老师说说好不好？求你了，妈妈。""不行，这是学校安排的活动，每个人都必须参加，你想一下别的同学也一样去，为什么你就不去呢？而且别人都不怕，你为什么要害怕呢？"笑笑委屈地答应了。妈妈送她去学校的时候，还特意嘱咐笑笑的班主任好好照顾她，希望这次的出行能锻炼锻炼笑笑的胆量。

没想到，才出发了三天，笑笑就被送回了家。原因是：笑笑由于从小被父母宠爱惯了，不知道怎样打理自己的生活，第一天晚上就吵着要回家，老师哄了一个晚上。第二天他们集体要过一条小河，每个人都轻轻松

松地跨过，就剩笑笑一个人在河对岸哭哭啼啼，不敢过河，后来没办法，不能让她一个人拖慢整体的进度，老师就把她抱了过来。当天晚上，同学跟她开玩笑扮鬼吓她，没想到真的吓出病来了，一个晚上没睡，一直哭着要回家找妈妈，老师没办法就只有把她送回来了。

妈妈面对啼哭不止的笑笑，气不打一处来，忍不住大吼大叫："你看看你，这成什么样子了，就知道哭，看看别人，就你一个人回来了，你好意思嘛你，我的脸都被你丢尽了，你就永远做个胆小鬼吧！"

妈妈的话让笑笑心灰意冷，连妈妈都认为自己是个胆小鬼了，那别的同学更是这么认为了。

其实，笑笑妈妈的做法是十分欠妥的，这很容易让孩子失去信心，更无法改变孩子胆小的坏习惯。一般来说，孩子的胆怯性格和家庭教育是离不开的。比如说，当孩子调皮耍赖的时候，父母为了制止孩子的行为，通常会恐吓孩子："你再闹，再闹魔鬼就会来把你抓走"或者"你再哭，再哭等下就把你送去喂老虎"。这样的做法虽然暂时让孩子安静下来，但这对一个分辨能力不强的孩子来说，无疑会给他们带来心理阴影，对他们的成长极为不利。有的父母喜欢动不动就责骂孩子，特别是当孩子没有达到他们的期望时，这样就造成孩子不敢争辩，越来越不敢和别人交流，胆怯的心理就这样慢慢形成。还有的父母因为给予孩子的爱太多，过分宠爱孩子，从小就教育孩子不要跟陌生人说话，让孩子产生严重的依赖心理，当他被要求一个人独当一面时自然就退缩了。教育专家建议父母，要想改掉孩子胆小的坏习惯，必须注意以下几点：

（一）要从小培养孩子的独立意识

教育孩子要从小抓起，一步一步地帮助孩子培养独立的社会意识。父母要明白，爱孩子并不意味着什么事情都代替他去做，有时候还是要学会适当地放手，这样孩子才能长大。父母也应该明白，对孩子过分溺爱不是对孩子好，只会让孩子养成胆小、任性的坏习惯。父母应当从小就培养孩子的独立性，一些简单的事情就应该让孩子自己动手，培养孩子坚强的个性和良好的生活习惯。

（二）鼓励孩子多接触社会

父母应该明白，孩子不可能一直生活在自己的羽翼下，终有一天要走向社会。要改变孩子胆小的毛病，就得多鼓励孩子接触社会。孩子是社会中的人，只有在社会经过历练，才能改掉胆小的坏习惯。如果孩子从小胆小怕生，父母就应该多为孩子创造接触陌生人的机会。比如说，当客人来家里拜访的时候，多让孩子去客厅玩耍，让孩子适应有客人在的环境，等以后见的次数多了，自然就不害怕了；父母也可以有意识地为孩子创造外出的机会，多带孩子去公园、广场等公共场所走走，让他们多与社会接触，多与人相处，这样习惯之后，孩子自然就不害怕了。

（三）不要忽略孩子的感受

在孩子心中，父母的话就是圣旨，所以父母更要以身作则，对孩子的坏习惯不要大吼大叫，要站在孩子的角度去理解，不要忽略孩子的感受，可能在父母的眼中觉得有些事情并不可怕，可是在孩子眼中却是十分严重的事情。所以父母要给予孩子自信，支持他，特别是当孩子处在恐惧中时，父母更要站在他身边，给他力量，帮他战胜恐惧。

本节家教智慧

在生活中，每个人都会遇到令你害怕的事情，更何况是孩子，父母在处理孩子的胆小问题时，千万不能用大吼大叫的方式，这不仅改变不了孩子胆小的毛病，更可能加剧孩子的恐惧心理，使其无法在社会上立足。父母在面对孩子胆小的坏习惯时，还要学会掌握正确的教育方式，让孩子彻底改掉坏习惯，做最好的自己。